Moonology
ORACLE CARDS
한글 가이드북

MOONOLOGY ORACLE CARDS
Copyright © 2018 by Yasmin Boland
Originally published in 2018 by Hay House Inc, USA
All rights reserved.
Korean translation rights © 2021 by Hans Media
Korean translation rights are arranged with Hay House UK Ltd through AMO Agency Korea.

이 책의 한국어판 저작권은 AMO 에이전시를 통해 저작권자와 독점 계약한 한스미디어에 있습니다.
저작권법에 의해 한국 내에서 보호를 받는 저작물이므로 무단 전재와 무단 복제를 금합니다.

Moonology
ORACLE CARDS
한글 가이드북

1판 1쇄 발행 2021년 1월 25일
1판 3쇄 발행 2024년 5월 16일

지은이 야스민 볼런드
일러스트 닉스 로언
옮긴이 송민경
펴낸이 김기옥

실용본부장 박재성
마케팅 서지운
지원 고광현, 김형식

디자인 제이알컴
인쇄·제본 민언프린텍
펴낸곳 한스미디어(한즈미디어(주))
주소 121-839 서울시 마포구 양화로 11길 13(서교동, 강원빌딩 5층)
전화 02-707-0337 **팩스** 02-707-0198 **홈페이지** www.hansmedia.com
출판신고번호 제 313-2003-227호 **신고일자** 2003년 6월 25일

ISBN 979-11-6007-558-8 (10180)

책값은 뒤표지에 있습니다.
잘못 만들어진 책은 구입하신 서점에서 교환해 드립니다.

Moonology
ORACLE CARDS
한글 가이드북

글 **야스민 볼런드** | 그림 **닉스 로언**

Hans Media

목차

서문	**7**
카드는 어떻게 활용하면 좋을까요?	8
카드에 은총이 내리길 기원하세요.	9
달의 지혜	**11**
달의 위상	**14**
카드의 활용	**16**
덱의 구성	16
카드 해석	17
4원소	19
스프레드	21
달의 위상 카드	**29**
신월	30
초승달	32
상현달	34

소망월	36
만월	38
기망월	40
하현달	42
치유하는 그믐달	44

신월 카드   **47**

양자리의 신월	48
황소자리의 신월	50
쌍둥이자리의 신월	52
게자리의 신월	54
사자자리의 신월	56
처녀자리의 신월	58
천칭자리의 신월	60
전갈자리의 신월	62
궁수자리의 신월	64
염소자리의 신월	66
물병자리의 신월	68
물고기자리의 신월	70

만월 카드   **73**

양자리의 만월	74
황소자리의 만월	76
쌍둥이자리의 만월	78
게자리의 만월	80
사자자리의 만월	82

처녀자리의 만월	84
천칭자리의 만월	86
전갈자리의 만월	88
궁수자리의 만월	90
염소자리의 만월	92
물병자리의 만월	94
물고기자리의 만월	96
스페셜 문 카드	**99**
신월의 월식	100
만월의 월식	102
차오르는 달	104
기우는 달	106
허공의 달	108
활동궁의 달	110
고정궁의 달	112
변통궁의 달	114
슈퍼문	116
블루문	118
남교점	120
북교점	122
일러스트레이터 정보	124
저자 정보	124

서문

신비로운 문올로지 오라클카드의 세계에 오신 것을 환영합니다. 달은 우리 머리 위 하늘에서 불가사의하고 황홀한 빛을 발합니다. 그녀는(달은 여성이므로) 눈에 보일 때도 있고, 몸을 숨길 때도 있죠. 달의 위상이 어떠하든지, 어느 12궁도에 자리하든지 그녀는 늘 우리에게 전하는 메시지를 담고 있습니다.

우리가 지구상에 발을 딛고 있는 동안, 달은 늘 우리의 삶에 함께해 왔습니다. 그중 몇 번이나 달에게 조언을 구했나요? '수차례'라고 답하는 이도, '거의 그런 적이 없다'고 답하는 이도 있을 것입니다. 답이 어떠하든, 달은 당신을 앞으로 이끌고 싶어 합니다.

이 카드는 달이 지닌 태곳적 여성의 지혜를 활용하는 데 도움이 되도록 만들어졌습니다. 이것은 당신을 인도하거나 치유하고, 당신에게 위험을 알리거나 당신을 지켜줄 매우 영향력 있는 영적 점괘 도구가 될 것입니다. 카드의 해석은 매우 엄격한 점성술의 지침에 바탕을 두고 있으나, 당신이 그것을 이해하게 되면 당신만의 방식으로 활용할 수 있다는 사실을 깨닫게 될 거예요.

모든 일이 일어나는 데는 이유가 있기 마련이라, 지금 당신이 이 글을 읽는 데에도 이유가 있을 것입니다. 어쩌면 당신은 오라클카드나 달, 혹은 둘 모두와 함께하는 걸음을 시작하려 하고 있을 수도, 이미 카드 리딩에 노련한 베테랑일 수도 있겠지요. 어느 편이든지 애정을 기울여 만든 이 카드 덱을 이용해 당신이 달의 기운을 연구하기로 마음먹었다니 정말 기쁩니다.

카드는 어떻게 활용하면 좋을까요?

1. 당신만의 인생을 창조하세요
뽑은 카드에 대해 생각함으로써 당신은 현재 자신이 미래를 위해 만들어내는 것이 마음에 드는지, 혹은 가고 있는 길을 바꿀 무언가를 할 수 있는지를 판단할 수 있습니다.

2. 당신의 인생을 계획하세요
카드를 뽑았을 때, 나온 카드가 마음에 든다면 견고한 계획을 세울 수도 있겠죠. 카드는 늘 당신에게 진실을 말해줄 테니까요!

3. 당신의 미래를 예견하세요
일단 이 카드에 익숙해지기 시작하면, 매우 확실한 예측도 가능하다는 사실을 깨닫게 될 것입니다.

카드가 당신과 당신이 점괘를 읽어주는 누군가를 위해 미래를 예측하는 데 사용될 수 있는 만큼, 저는 이 카드들이 그보다 훨씬 더 멀리 본다고 믿습니다. 그것들은 진정으로 당신만의 현실을 창조하는 데 도움이 될 거예요.

저는 오라클카드를 사용할 때, 답이 예/아니오로 확정되는 것을 좋아합니다. 그래서 미래도 예/아니오로 답을 구할 수 있다면 가능한 한 충분히 그렇게 했죠. 하지만 평소 이 카드는 당신이 현재 향하고 있는 방향을 보여줍니다. 만약 당신이 자신의 현재 방향에 만족하지 않는다면, 새로운 운명을 향해 방향을 바꿔 나아갈 수도 있을 것입니다.

카드에 은총이 내리길 기원하세요.

카드를 사용하기 전에 카드에 당신의 기운을 불어넣는 것은 매우 중요합니다. 카드의 앞면이 아래를 향하게 하는 상태로 덱을 한 손에 올리고 천천히 부드럽게 호흡하세요. 덱 상단에서부터 다른 한 손으로 카드를 하나씩 들고 마음에 새기면서 똑같이 앞면이 아래를 향하게 하여 테이블 위에 한 장 한 장 포개어 내려놓으세요. 이제 카드를 위로 향하게 하고, 각 카드를 잠깐씩이라도 들여다보면서 위의 과정을 반복하세요. 이렇게 다시 완전히 하나로 모은 카드를 양손으로 움켜쥐고 아래와 같이 말하세요.

'아름다운 카드여,
네 인도를 청하는 나와 다른 이들을 위해 좋은 충고와 함께
나를 올바른 방향으로 이끌어다오.
내가 리딩을 하면서 알아야 할 것을 늘 다정하게 보여주니
고맙구나.
나는 널 믿어! 그렇고말고!"

달의 지혜

제가 오라클카드를 애정하게 된 지도 수년째인데, 달의 지혜를 끌어당기는 저의 이 덱을 당신에게 소개할 수 있게 되어 정말 짜릿합니다. 달은 우주의 안내자이자 마법 같은 타이머이고, 수천 년간 조언자의 역할을 하고 있죠. 이 카드가 당신에게도 달의 인도가 닿을 수 있게 도와줄 것입니다.

　오라클카드는 19세기 프랑스에서 유래되었으며 최초의 오라클카드는 프랑스의 전문 점성술사 마리 안느 르노르망(1772~1843)이 고안했다고 알려져 있습니다. 타로카드는 메이저 아르카나와 마이너 아르카나라는 정해진 제작 형식을 따르는 데 반해, 오라클카드는 그와 같은 형식 없이 아주 다양한 방식으로 만들어지죠. 20세기 오라클카드는 점점 대중화되어 널리 퍼졌고, 오늘날 21세기에 들어서면서 주류가 되었습니다.

　타로에서도 달 카드는 달 그 자체처럼 신비에 싸여 있다는 점에 주목해야 합니다. 만월이 밤하늘을 밝히듯 이 오라클 덱도 마법과 수수께끼로 가득 차 당신의 길을 밝히길 바랄 뿐입니다.

그럼 '오라클'이라는 단어에 대해 생각해 보죠. 현재의 옥스퍼드 사전에서 오라클의 주 의미는 '고전 고대의 신들로부터 계시나 신탁을 구하는 매개자 역할을 하던 사제'입니다. 우리 가운데 많은 이가 각자 자신의 오라클이 될 수 있다는 사실을 잊어버린 듯합니다. 달과 문올로지 오라클카드가 이 상황을 개선하는 데 도움이 될 거예요.

자연에서 벗어나 산업화된 생활 속으로 이동하면서, 우리는 자신의 삶을 창조하고 계획하며 예견하는 능력을 잃어버리게 됐죠. 그러나 사람들은, 특히 여성들은 수천 년간 달과 함께해 왔습니다. 하지만 오늘날 '버닝 타임즈'라고 불리는 1300년~1800년대의 시기, 여성들은 달과 함께 명상하고 자신들의 여성적인 힘을 부르는 일들을 했다는 이유로 교수형에 처해지거나 익사당하고 화형에 처해졌죠.

그 여성들을 마녀(witch)라고 불렀는데, 요즘 이 단어에는 감정이 꽤 들어가서 좋은 뜻으로만 쓰인다고는 볼 수 없습니다. 저는 제 자신을 '착한 마녀', '중산층 마녀'라고 여기며, 마법사나 '창조자'로 생각하기도 해요. 여성과 마녀, 마법사와 창조자들은 여러 해 동안 점을 치기 위해 물건들을 사용해 왔죠. 우리들은 또한 달의 순환 주기도 자세히 살폈습니다. 이 두 가지의 유서 깊은 전통이 이 카드에 모아졌습니다.

카드를 익히는 동안 당신은 이 지침서의 해석을 활용할 수 있어요. 하지만 시간이 흐르면서 카드를 이해하고 당신 고유의 확장된 해석을 발전시키겠죠. 오라클을 사용하기보다 오라클이 되기 시작할 것입니다.

리딩 중에 뽑은 카드에서 특별한 '느낌'이 온다면,
그것을 귀히 여겨야 해요!

자신만의 견해를 더하기 전에 카드에 익숙해져야 한다고 권하고 싶습니다. 그것은 분명 카드에서 자신의 현재와 미래에 대한 자신만의 버전을 읽기 위해 능력을 활용하는 최종 단계의 일부분이니까요.

이 지침서의 해석이 때로는 다양한 결과를 암시한다는 것을 보게 될 것입니다. 이 카드들은 전통적인 점성술의 지혜에 매우 가까이 닿아 있는데, 모든 점성술적 사건은 다양한 결과를 지니기 때문이죠. 그러니 눈과 머리 못지않게 마음과 직관으로 카드를 읽어야 합니다. 당신이 구하려 하는 답은 늘 당신에게 나타날 거예요. 카드를 잘 이해하고 많이 사용하다 보면 카드와 친해지는 데 한결 도움이 될 것입니다.

달의 위상

이 카드를 쓰는 많은 이들이 달의 주요 위상과 달에 관련된 사실들을 배우면 도움이 될 거라 생각할지도 모르지만, 사실 이 가운데 어느 것도 필수적으로 알아야 할 필요는 없습니다. 그렇긴 하지만, 이 덱을 사용하는 데 매력을 느끼는 사람들 중 누군가는 이것을 달에 대해 더 많이 배우는 계기로 삼았으면 하는 것이 제 바람입니다.

12궁도의 어느 별자리에 있든지 달의 위상은 늘 같은 순서로 변화합니다.

저는 다른 오라클카드 덱을 따르기보다는 오직 달의 기운만으로 작업했습니다. 달은 신월과 만월, 슈퍼문 등의 다양한 형태를 통해, 그리고 열두 개의 별자리를 지나 움직입니다.

달의 주요 위상은 여덟 단계로 나눌 수 있으며, 각 위상의 키워드는 다음과 같아요.

●	신월(삭)	새로운 시작, 가능성, 꿈
◐	초승달	용기, 전진, 믿음
◐	상현달	도전, 자신감, 의지
◐	소망월	변화, 집, 조정
○	만월(보름달, 망)	결과, 용서, 감사
◑	기망월	휴식, 수용, 재정비
◑	하현달	재평가, 균형, 신뢰
◑	치유하는 그믐달	치유, 진정, 포기

카드의 활용

문올로지 오라클 덱은 44장의 강력하고 신비한 카드로 구성되며, 당신이 구하려 하는 것이 진실을 캐기 위한 깊이 있는 답이든, 즉각적인 지침일 뿐이든 상관없이 이 카드를 사용할 수 있습니다. 애정, 금전, 직장, 혹은 당신이 바라는 무엇이든지 물어도 되죠. 만약 무언가 당신을 혼란스럽게 하는 것이 있다면, 카드는 그것을 명확히 해주기 위해 최선을 다할 거예요.

덱의 구성
덱은 크게 네 챕터로 나뉘며, 각 챕터마다 달의 여덟 가지 주요 위상의 이야기가 펼쳐집니다.

달의 위상 카드
이 카드들은 15페이지의 표에서 언급된 삭망월의 여덟 단계로 나뉜 위상을 나타냅니다.

신월 카드
열두 장의 신월 카드는 12궁도의 각 별자리를 지나는 동안 시작과 새로움의 기운을 부릅니다.

만월 카드
열두 장의 만월 카드는 12궁도의 각 별자리에서 절정과 결말을 예고합니다.

스페셜 문 카드
이 와일드카드들은 때에 따라 예상치 못한, 특별한 상황을 나타내죠. 신월의 월식, 만월의 월식, 차오르는 달, 기우는 달, 허공의 달, 활동궁의 달, 고정궁의 달, 변통궁의 달, 슈퍼문, 블루문, 남교점, 북교점으로 표현됩니다.

카드 해석
카드 뽑은 그날 달의 위상이 어떤가에 상관없이 당신이 뽑는 카드가 당신에게 맞는 카드일 거예요. 예를 들면 전갈자리에 만월이 뜨는 날, 쌍둥이자리의 신월 카드를 뽑는다면 쌍둥이자리의 신월 카드를 해석하는 것이 당신의 답이 되죠. 카드는 끊임없이 변화하는 달로부터 우리가 얻는 많은 에너지를 상징적으로 표현합니다.

전반적 해석

당신은 각 카드에서 자신의 질문에 대단히 중요해 보이는 답을 찾게 될 것입니다. 이것은 카드의 에너지와 카드가 당신에게 보내는 메시지를 요약하죠. 카드에는 예지의 힘이 있으므로, 현재 당신의 생각과 감정이 무엇을 빚어내고 당신을 어디로 안내할지 이야기해 줄 거예요. 그 답이 당신의 마음에 들면 카드의 에너지를 활용할 수 있는 아이디어가, 그렇지 않다면 상황을 변화시킬 수 있는 방법이 주어지겠죠.

부차적 의미

각 카드의 '부차적 의미'에 담긴 해석 하나하나가 모두 당신에게 적용될까요? 아마 그렇지 않을 거예요! 사실, 언급된 부차적 의미 가운데 일부는 이따금 모순적으로 보이기까지 하겠지만, 이는 점성술이 모든 것을 총망라하기 때문으로, 각 카드가 제시하는 다양한 가능성을 이해해야 합니다. 달의 모든 위상은 다양한 의미를 지닙니다. 당신은 자신에게 솔직한 태도를 취하고, 본능적으로 자신에게 해당한다고 느끼는 것을 받아들여 이해해야 할 것입니다.

달과의 조화

당신의 삶을 긍정적으로 변화시키기 위해 필요한 모든 것을 명시하고, 완성하고, 공개하거나 제거하는 데 도움이 될 지침과 조언입니다.

가르침

각 카드의 '가르침'은 점성술에 대해 더 많이 알고 싶어 하는 사람을 위해 달과, 그 달이 카드의 메시지로 어떻게 이어지는지에 대한 추가 정보를 담고 있습니다. 이 지침서의 설명과 카드의 아름다운 이미지를 활용해 현재의 기운에 대해 더 자세히 알아보세요.

4원소

점성술에서와 마찬가지로 문올로지에서도 불, 흙, 공기, 물의 4원소를 활용합니다. 각 원소는 고유의 특성을 지니며 다음과 같이 각각 세 별자리에 배속됩니다.

- 불(열정적, 어마어마한 열의를 나타냄) – 양자리, 사자자리, 궁수자리
- 흙(현실적, 안정성을 약속함) – 황소자리, 처녀자리, 염소자리
- 공기(지적 능력과 논리를 쓰도록 함) – 쌍둥이자리, 천칭자리, 물병자리
- 물(정서적, 자신의 감정을 느끼게 함) – 게자리, 전갈자리, 물고기자리

카드를 사용할 때 이 원소들을 '느끼는' 법을 배우면, 카드를 이해하는 데 도움이 될 뿐만 아니라 달의 순환 작용이 어떻게 이루어지는지 더 잘 이해하게 될 것입니다.

당신이 원소의 특성을 진정으로 느끼기 시작하면,
달과 우주에 관해 당신이 지닌
심층적인 지식을 일깨우게 될 것입니다.

일러스트레이터 닉스 로언의 아름다운 그림은 명상의 도구로 사용할 수 있습니다. 예를 들면, 카드를 한 장 뽑아 당신 앞에 놓고 그 메시지에 대해 명상하는 일상 훈련을 할 수도 있죠. 고대 그리스와 로마의 달의 여신 셀레네/다이애나, 또는 달과 관련된 대천사인 하니엘이나 가브리엘에게 당신이 알아야 할 것이 무엇이든지 이해할 수 있게 도와달라고 청하세요. 밤이고 낮이고 당신이 언제 도움을 청하든 그들은 달빛처럼 그 이지를 당신에게 내리비출 것입니다.

덱에 그려진 아름다운 그림들은 부드럽고 신비롭게만 보이지만, 카드의 해석을 읽을 때면 당신의 미래가 어떻게 펼쳐질지에 대한 아이디어를 주는 강력하고 꽤 명확한 메시지들을 보게 되고, 그 답이나 해석이 매우 실용적이라고 느낄 것입니다. 그리고 어느 정도 시간이 지나면, 카드가 어떻게 드러나는지 주목하면서 이러한 원래의 의미들을 확장하게 될 거예요.

스프레드(카드 배열법)

카드는 당신이 원하는 방식으로 활용할 수 있습니다. 저는 카드를 읽을 때 청하는 강력한 힘을 의식하며 마음을 가다듬은 뒤 질문을 던지고, 단 하나의 질문에 대한 답으로 단 하나의 카드를 뽑는 것을 선호합니다. 제게는 이것이 답을 얻을 수 있는 가장 강력하고 빠른 방식입니다.

그러나 통상 카드 리더들은 '스프레드'라는 것을 만들어왔어요. 스프레드는 각 카드가 특정 질문이나 대답과 연관되도록 카드를 배열하는 방법을 말합니다. 켈틱 크로스와 3카드 스프레드는 당신이 활용할 수 있는 전통적인 타로 배열법이죠.

켈틱 크로스 스프레드

- 1번 카드 – 현재
- 2번 카드 – 도전 과제
- 3번 카드 – 과거
- 4번 카드 – 가까운 과거
- 5번 카드 – 아무런 변화가 없을 때의 결과
- 6번 카드 – 미래에 이르는 길
- 7번 카드 – 당신에 대한 심층 정보
- 8번 카드 – 상황에 대한 심층 정보
- 9번 카드 – 희망과 두려움
- 10번 카드 – 최종 결과

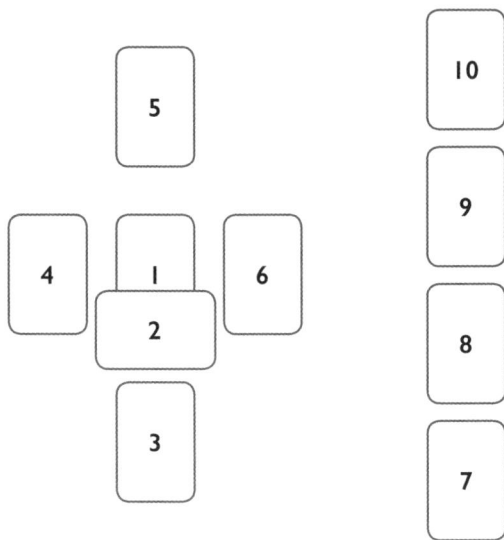

3카드 스프레드

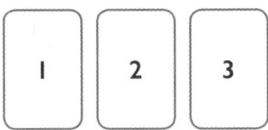

- 1번 카드 – 과거
- 2번 카드 – 현재
- 3번 카드 – 미래

또는, 동일한 카드 배열 형태를 아래의 두 스프레드 중 하나로 사용해도 좋습니다. (제 웹사이트 www.moonology.com에 접속하면, 데일리 문 메시지에서 현재 달의 위상을 확인할 수 있어요.) 저는 역방향, 즉 덱에서 거꾸로 놓인 카드의 의미를 따로 사용하지 않는다는 점을 유의해 주세요.

신월 3카드 스프레드

신월, 즉 새로운 달이 뜨려 할 때, 또는 그 직후 위상이 바뀌기 전에 최대한 빨리 배열하세요.

    신월은 새로운 시작을 위한 시간입니다. 카드를 고를 때, 다가올 한 달을 생각하면서 신을 향해 당신 앞에 놓인 기운을 이해하는 데 도움이 될 카드를 뽑도록 인도해 달라고 청하세요. 다가올 달에 대해 구체적으로 질문할수록 효과가 있을 것입니다.

- 1번 카드 – 내게 무슨 일이 생기는가?
- 2번 카드 – 이번 신월의 주된 메시지는 무엇인가?
- 3번 카드 – 최종 결과

만월 3카드 스프레드
정확한 시간을 맞추는 것이 신월보다 덜 중요하긴 하지만, 만월이 뜰 때나 만월이 되자마자 가능한 한 빨리 배열하세요. 카드를 선택하는 동안 구체적인 질문을 던지거나, 신에게 이 시기의 대략적인 지침을 청할 수도 있죠.

- 1번 카드 – 무엇이 사라지고 있고, 또 나는 무엇을 너그러이 놓아야 하는가?
- 2번 카드 – 환한 만월이 내게 비춰주는 것은 무엇인가?
- 3번 카드 – 그 다음에 생길 일은?

차오르는 달 4카드 스프레드
차오르는 달은 신월에서 만월까지의 약 2주간을 일컬으며, 이때 달은 매일 밤, 크기가 커지는 것처럼 보입니다. 이 시기는 목표를 향해 열정적으로 일할 때이고, 이 스프레드의 카드 또한 그것을 반영하죠. 현재 가장 중요한 목표를 생각해 본 뒤, 선택한 카드를 한 장씩 앞면이 아래로 향하도록 배열하세요.

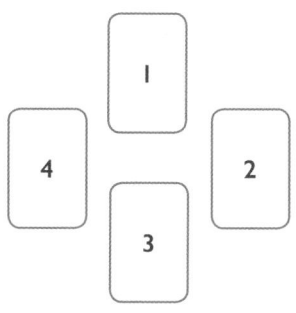

- 1번 카드 – 지금부터 만월이 뜨기까지 내게 무슨 일이 생기는가?
- 2번 카드 – 내가 직면하고 있는 과제에 대한 해결책은 무엇인가?
- 3번 카드 – 조언
- 4번 카드 – 최종 결과

다음은 각 포지션에서 카드를 어떻게 해석할 수 있는지 예시가 되는 리딩입니다.

- 1번 카드 (지금부터 만월이 뜨기까지 내게 무슨 일이 생기는가?)
  슈퍼문 카드가 나왔다: 뭔가 신나는 일이 생기겠군!
- 2번 카드 (내가 직면하고 있는 과제의 해결책은 무엇인가?)
  기우는 달 카드가 나왔다: 가능한 한 참지 말고 앞으로 나아가자.
- 3번 카드 (조언)
  쌍둥이자리의 신월 카드가 나왔다: 소통이 핵심이다.
- 4번 카드 (최종 결과)
  만월의 월식 카드가 나왔다: 움켜쥔 손아귀를 풀고 사건이 전개되도록 하라.

기우는 달 4카드 스프레드

기우는 달은 만월에서 신월까지의 2주간을 말하며, 놓아주고 보내줘야 하는 시기입니다. 이 스프레드의 질문은 이 기간에 어울리는 문제와 관련이 있죠. 당신이 보내줘야 하지 않을까 의구심이 드는 것이나, 이 기간의 대략적 지침을 물을 수 있습니다. 위에 서술된 차오르는 달 4카드 스프레드와 같은 형태로 카드를 배열합니다.

- 1번 카드 – 무엇을 놓아야 하는가?
- 2번 카드 – 무엇이 내게 도움이 되는가?
- 3번 카드 – 내가 받아들이고 포기하는 데 도움이 되는 것은

무엇인가?
- 4번 카드 – 최종 결과

카드의 가장자리가 다 닳을 때까지 당신이 몇 번이고 다시 카드를 들면 좋겠습니다. 그것은 당신이 덱을 이해하고 아끼며, 특히 당신에게 가장 중요한 질문을 믿고 묻는다는 의미일 테니까요.

달을 인도하는 신성한 어머니 신께 이 카드를 바칩니다.

야스민 볼런드

Moon phase cards
달의 위상 카드

새로운 시작의 시간이다!
신월(삭, New Moon)

당신의 앞길에 "야호!" 기쁨의 탄성이 들린다. 이것은 덱에서 가장 상서로운 카드 가운데 하나이다. 아주 긍정적인 카드이며, 새롭고 흥미로운 무언가가 커지고 있음을 시사한다. 당신이 궁금해하는 상황에는 축복이 가득하고, 당신은 목표 달성을 위해 정확한 방향을 잡고 있다. 우주에서 온 전언에 따르면 당신은 어떤 형식으로든 모든 것을 다시 시작하게 될 것이며, 새롭거나 더 나은 방향으로, 혹은 바라던 결과를 성취하는 것에 대해 더 긍정적인 기분으로 나아가게 될 것이다. 당신이 정체되어 있다고 느껴왔다면, 삶은 순환되는 것이며 당신은 지금 새로운 순환 주기를 맞이하고 있음을 상기하게 되리라. 과거를 잊고 새로이 출발할 시간이다. 당신의 질문이 독이 되는 상황에 관한 것이라면, 이제 곧 해결되거나 완전히 새롭고 신선한 무언가가 나타날 것이다.

달과의 조화
믿을 때 비로소 보게 될 것이니.

카드에 내포된 부차적 의미
- 새로운 출발을 눈앞에 두고 있다.
- 당신이 바라는 것을 얻는 일에 더 희망적으로 생각하기 시작할 것이다.
- 꿈이 실현될 수 있다는 당신의 믿음은 잘 통하는 중이다.
- 과거는 잊어라.

가르침
신월은 달이 나오지 않는 시간의 중간인 동시에, 차오르는 달의 시작이다. 달이 보이지 않아 어둡고 드러나지 않는 시간이자 재탄생의 시간이다. 또한 새로운 순환을 위해 마녀들이 소원을 빌고 목적을 정하며 자신들의 일을 하는 시간이다. 다른 세상의 장막을 가르기 쉬운 강렬한 마법의 시간이므로.

당신의 꿈을 믿어라
초승달(Waxing Crescent Moon)

포기하지 마라! 당신은 이야기의 끝에 미처 닿지도 못했지만, 당신이 묻는 상황은 여전히 구체화되고 있다. 지금 어떤 일이 벌어지는 중이든지 그저 한 걸음만 내디뎌라. 고전 자기수양 서적에서 말하듯, '결국 모든 것은 괜찮아질 것이고, 그렇지 않다면 아직 끝에 이르지 않았음이다.' 초승달 카드는 당신이 무엇을 바라든, 계속해서 노력해야 한다는 것을 상기시킨다. 만약 실현 가능한 방법을 찾을 수 없다면, 당신의 질문에 대해 깊이 생각해 보는 시간을 가지며 당신의 상위 자아가 다음으로 올 최상의 방법에 대한 정보를 당신에게 알려주도록 하라. 전반적으로 이 카드는 당신의 물음에 매우 긍정적인 결과를 기대해도 좋을 이유가 충분함을 암시한다. 믿음을 굳건히 하라!

달과의 조화
바라는 일에 집중한다.

카드에 내포된 부차적 의미
- 꿈이 눈에 보이지 않는다 하여, 실현되지 않고 있는 것은 아니다.
- 돌아보지 말고 나아가는 것에 집중하라.
- 일의 진행에 조바심 내지 마라.
- 좀 더 깊이 알아보고 용기를 키워라.

가르침
초승달은 달의 주요 위상 여덟 가지 가운데 두 번째 단계이다. 이 카드를 뽑는 순간이 초승달이 뜨는 때가 아니라 해도, 카드는 당신이 진정으로 꿈을 추구해야 한다는 것을 뜻한다. 목표를 좇으며 부지런히 발을 내디딜 때이다.

당신의 의지가 시험대에 올라 있다
상현달(First Quarter Moon)

어려움이 닥칠지도 모르지만, 그것은 그저 우주가 당신을 시험하는 방법일 뿐이다. 상현달은 어떤 난관에 부딪히든 자신 있게 맞서라고 말한다. 진정으로 당신이 가능하다고 생각하는 것은 무엇인가? 당신이 할 수 있다 믿는다면, 아마 당신은 할 수 있을 것이다. 당신이 극복할 수 없을 정도로 너무 큰 무언가가 있다고 확신하며 세월을 흘려보낸다면, 그 또한 그렇게 되리라. 그 원리가 느껴지는가? 꿈이 실현되리라고 믿는가, 아니면 이미 마음속으로 포기해 버렸는가? 지금 타오르는 의지를 보이는 것은 당신이 바라는 결과를 향해 나아가는 데 도움이 될 것이다. 당신이 참이라 믿는 것이 당신에게 참이니, 자신을 믿어라.

달과의 조화
내가 바라는 꿈에 전념하고, 자신 있게 그 꿈을 향해 나아간다.

카드에 내포된 부차적 의미
- 당신의 질문에 대한 답은 '맞지만, 아직 이르다'이다.
- 목표까지 이제 절반쯤 왔다.
- 아직은 좀 더 노력이 필요하다.
- 가끔은 우리가 무언가를 얼마만큼 바라는지 깨닫기만 하면 된다.
- 누군가, 혹은 무언가에 다시 전념해야 한다.

가르침
상현달은 신월과 만월의 사이이다. 이 시기는 점성술의 각도상 태양과 달이 서로 어려운 위치에 있어, 작은 위기가 촉발될 수도 있는 때이다. 이 카드를 언제 뽑든지, 당신이 만나게 될 극적인 사건을 당신이 바라는 곳으로 가는 디딤돌로 봐야 한다. 폭풍 속에서 굳세게 버텨야 할 때도 있는 것이다.

목표 달성이 코앞이다
소망월(만월에 가까운 달, Gibbous Moon)

월중 어느 때 이 카드를 뽑더라도 당신이 궁금해하는 상황이 가능성으로 가득 차오르고 절정에 이르게 됨을 암시한다. 하지만 이 카드는 정확하게 '예/아니오'의 대답으로 떨어지는 끝을 나타내는 카드는 아니다. 더 정확히 말하자면, 당신은 자신을 희망적으로 안심시키는 분명 맞는 길로 가고 있지만, 바라는 것을 얻기 전에 약간의 조정이 필요하다는 사실을 상기시킨다. 하지만 상황에 약간의 긴장감이 느껴지므로, 너무 강하게 밀어붙이지 않도록 하라. 단 한 번의 잘못된 행동으로 모든 것을 날려버

릴지도 모르니깨! 이는 당신을 겁먹게 하려는 말이 아니다. 그저 이 상황에 도화선이 붙어 있음을 알리는 것뿐이니, 혹여 불을 붙이고자 한다면 신중하게 하라.

달과의 조화
나는 내가 맞는 길을 가고 있다는 사실을 알고 있다.

카드에 내포된 부차적 의미
- 지금은 계획을 재검토하기 알맞은 시간이다.
- 꿈을 향해 나아가며 추진력을 잃지 마라.
- 집중하라.
- 새로운 계획을 시작에 옮기기 좋은 때이다.
- 바른 건강 습관을 되찾아야 한다.

가르침
소망월은 만월 바로 직전, 달의 순환이 끝에 다다를 때 온다. 이 시기의 달은 가득 찬 듯해 완전한 동그라미에 매우 가깝다. 달이 차오르는 순환 주기의 정점에 있어, 다소 치열한 시기가 되는 경향이 있다. 카드를 언제 뽑든지 이 카드는 시간과 상황이 매우 무르익었음을 의미한다.

신을 경배하라
만월(보름달, Full Moon)

'클라이맥스'라는 단어는 매우 다양한 아이디어와 이미지를 떠오르게 한다. 그렇지 않은가? 그것이 바로 이 카드의 느낌이다. 삶은 맨 앞에, 찰나의 순간에, 결말에, 또는 전환점에도 이르는 것이다. 어떤 종류의 변화가 있을 수도 있고, 심지어 감정이 폭발할 수도 있다. 지금 당신의 마음에 귀를 기울여 무슨 소리가 들리는지 보라. 달의 순환 가운데 어느 시기에 이 카드를 뽑았든지, 그 감정은 지금 수면 매우 가까이까지 올라와 있을 것이다. 문제는 곧 마무리되고, 당신은 자신의 소원이 이루어질지

아닐지 깨닫게 될 것이다. 긍정적인 카드인 만큼 가능성은 당신의 편이지만, 일이 전개될 때 냉정을 유지하려면 평소보다 더 열심히 노력해야 한다.

<u>달과의 조화</u>
내가 필요로 하는 답을 얻는 중이다.

<u>카드에 내포된 부차적 의미</u>
- 당신의 소원이 이루어질 수도 있다.
- 운명이 갈리는 시간이다.
- 광기의 기운이 감돌 수 있으니 깊이 심호흡하고 침착하라.
- 부정적인 에너지를 내보내려면 누군가를 용서해야 할지도 모른다.
- 과거를 잊고 앞으로 나아가야 할 때이다.

<u>가르침</u>
만월은 달의 순환 주기에서 클라이맥스를 나타내며, 이 카드를 강력한 카드로 만든다. 만월은 신월 동안의 질문에 대한 해답이 주어지는 시기인데, 달의 순환 주기 중 언제라도 이 카드를 뽑으면, 앞으로 오래지 않아 답을 찾을 수 있을 것임을 암시한다.

숨을 내뱉는 여유를 가져라
기망월(Disseminating Moon)

만월의 강렬함이 약화되고, 우리에게 남은 것은 무엇인가? 그것은 이 카드가 당신에게 던지는 물음이다. 카드는 당신이 궁금해하는 상황이 이제 정점에 달했으며, 맹목적으로 앞을 향하기보다 경험으로부터 배우고 전열을 가다듬을 때라는 것을 시사한다. 지금 일어나는 일이 최선이라는 믿음을 가져라. 현재의 상황을 받아들이도록 노력하고, 자신과 다른 이들이 긴장을 풀고 휴식을 취할 시간을 주도록 하라. 심호흡을 하라. 늘 'on' 상태에 있을 수는 없다. 장애물에 부딪혔거나, 실패했다는 기분이든다면, 다음번에는 어떻게 다르게 행동할 것인지 되새겨봐야 한다. 현재 상황에 기분이 상한다면, 이 감정을 솔직히 받아들여라. 그런 다음, 인생은 순환한다는 것을 상기하라.

달과의 조화
나는 현재 여기 있고, 아무렇지 않다.

카드에 내포된 부차적 의미
- 지금 선 곳이든, 곧 서게 될 곳이든 어디에 서 있는지 깨달아야 한다.
- 자신을 위한 시간을 가져야 한다.
- 당신의 지혜와 경험을 다른 누군가와 나눌 시간이다.
- 슬럼프에 빠지지 않도록 하라.

가르침
기망월은 만월과 함께 찾아오는 에너지의 폭발이 지난 뒤의 첫 위상이다. 당신이 이 카드를 언제 뽑든지, 카드는 당신이 궁금해하는 상황의 순환기에서 꽤 고요한 시점에 와 있음을 의미한다. 지금은 새로운 일을 시작할 때가 아니다. 기망월은 숨을 내뱉어야 하는 시간이다. 잠시 멈추고, 지나간 일을 생각하라.

조정이 필요하다
하현달(Third Quarter Moon)

자신을 지난 몇 주 동안 점점 가득 채워진 그릇이라 생각하라. 당신의 방식대로 된 것 중 좋은 면도 있었겠으나 부정적인 면 또한 많으니 이것을 버릴 줄 알아야 한다. 당신이 어떤 상황에 대해 묻든지, 에테르로 내보내야 할 유독한 감정이 개입된 것은 아닌지 솔직하게 판단하라. 또한 이 카드에는 모든 것을 잃지는 않는다는 약속이 딸려 있다. 그러나 당신이 원하는 위치에 다다르기 전에 변화나 조정이 필요하다. 최근의 일을 납득하고 그에 따라 행동에 옮겼다면, 이제 방향 전환을 준비하라. 또한, 당신이 무엇을 바라고, 무엇을 놓아야 할 때인지 일깨워 줄 '위기'가 닥칠 수도 있으니 주의를 기울여라.

달과의 조화
상황을 다시 헤아려본다.

카드에 내포된 부차적 의미
- 삶의 균형이 깨지고, 이로 인해 문제가 야기될 수도 있다. 완전히 새로운 계획을 세울 때인지도 모른다.
- 새롭고 신나는 무언가가 임박했다.
- 이 상황을 진전시키려면 신뢰가 필요할지도.

가르침
하현달이 뜰 때 우리는 우리가 어디 있었는지 알고 있다. 그렇다면 어디로 가는지는? 달은 이제 반달이고, 점점 빛을 잃고 사라지며, 신월까지 완전한 소멸을 향해 나아간다. 서서히 쇠퇴하는 재평가의 시간이다. 이 카드를 언제 뽑더라도, 놓아주고 믿는 것이 중요하다.

치유의 시간
치유하는 그믐달(Balsamic Moon)

이 카드를 뽑는다는 것은 과거는 지나가고 밝은 미래가 손짓함을 암시한다. 하지만 다음 걸음을 내딛기 전에, 당신과 당신의 상황이 모두 치유되었음을 반드시 확인하라. 지금은 갈라진 틈을 종이로 대충 덮어두거나 그저 모든 것이 괜찮은 척 할 때가 아니다. 오히려, 당신이 믿으면 무엇이든 가능하다고 자신을 달래고 치유할 시간이 조금 더 필요하다. 또한 지금은 우주의 인도를 기다리며 몸을 내맡길 시간이다. 강력한 통찰력이 생길 수도 있다. 누군가 혹은 무언가가 정말로 당신에게 이롭지 않다고 당신이 깨닫는다면, 이 카드는 그것을 포기해 버리라고 상기시킨다. 당신의 꿈에 대한 믿음을 가지려 노력하라. 때가 왔을 때, 준비된 상태일 수 있도록.

달과의 조화
하나가 치유될 때, 모든 것이 치유되리라.

카드에 내포된 부차적 의미
- 과거를 놓아야 할 시간이다.
- 한고비를 넘기기 직전이다.
- 치유할 시간이 더 필요하다.
- 모두 치유된다면 이 상황이 어떻게 보일지 생각해 보라.

가르침
그믐달이 뜨는 시간에는 인내가 필요하다. 이제 임박한 신월에 대비해 서서히, 그러나 분명히 자기 관리를 해야 할 때이다. 달 순환 주기의 어느 지점에서 카드를 뽑아들든지, 이 카드는 스스로에게 조금 더 관대하게 대할 것을 상기시킨다. 당신이 지닌 창조의 힘을 쓸 시간이 곧 올 것이다. 자신이 필요로 하는 시간을 가져라.

New Moon Cards
신월 카드

행동에 옮길 시간이다
양자리의 신월(New Moon in Aries)

불꽃이 타오른다! 근사한 새 출발의 손짓에 따라 당신은 맞는 길로 가고 있다. 당신이 인생에 일어나길 바라는 일이 있다면 이 카드는 아주 긍정적인 신호이다. 이 카드를 우주에서 보내는 거대한 긍정의 신호로 간주하라. 지금이야말로 당신의 꿈에 진정 귀 기울여야 할 순간이다. 아직 갈 길이 까마득할지도 모르지만(어쨌든 양자리는 12궁의 첫 번째 별자리이므로), 당신은 나아가고 있다. 투지와 자기주장, 용기가 필요하지만, 양자리의 뜨거운 열기는 어떤 노력을 필요로 하든지 성공을 향해 당신을 몰아

붙이고 있다. 주의할 점이라면? 속도를 너무 올리거나 예의를 잊지 않도록 하라. 목표를 향해 내달리면서도 사람들을 함부로 대하지 마라. 이는 자신에게 훨씬 좋은 업보를 쌓는 일일 테니.

<u>달과의 조화</u>
포기할 생각일랑 마라.

<u>카드에 내포된 부차적 의미</u>
· 최선을 다하라. 그리고 그 자체로 만족하라.
· 경솔한 자신감은 금물.
· 12개월간의 장기 계획이 필요하다.
· 새로운 남성이 당신의 삶에 들어오고 있다.

<u>가르침</u>
양자리는 12궁의 첫 번째 별자리여서 양자리의 신월은 연중 12, 13개에 이르는 신월 가운데 첫 번째이다. 당신이 모든 삭망월을 연구하려 한다면, 양자리의 신월은 시작하기에 적절한 때이다. 그리고 언제 이 카드를 뽑든, 이는 목적을 세우는 등의 월간 작업을 시작하기에 이상적인 시간임을 의미한다.

앞길에 번영이 있다
황소자리의 신월(New Moon in Taurus)

이 카드는 당신이 금전 문제를 궁금해할 때, 혹은 자신의 가치를 확신하지 못할 때 흔히 등장할 것이다. 이 카드는 당신이 원하는 것(물질적인 것 포함)을 가질 수 있음을 암시하지만, 먼저 당신이 자신을 믿어야 한다. 이는 끌어당김의 법칙으로 요약된다. 당신이 자신을 귀히 여기면, 다른 이들도 당신을 귀히 여길 것이다. 이렇게 풍요를 창출하리니! 황소자리는 금성과 연관되어 있고 이 카드는 신월의 기운을 지니고 있으므로 12개월간의 재정 계획을 세우기에 적기이다. 또한 이 카드는 새로운 관계, 이

성 관계의 시작을 알리는 신호이다. 오랫동안 무언가를 얻기 위해 노력해 왔다면, 건장한 황소자리에 뜬 신월은 지금 당장으로서는 포기하지 말라는 신호이다.

달과의 조화
마사지를 하거나 받아라. 건강한 신체에 건강한 정신이 깃드는 법.

카드에 내포된 부차적 의미
- 당신이 꿈꾸는 바를 곧 얻게 될 것이다.
- 무엇이 당신에게 가치 있는지 명확히 하는 것은 평온을 찾는 데에 도움이 되리라.
- 스스로를 소중히 보살필 시간을 가져라.
- 소액이라도 좋으니 적금 통장에 자동이체를 시작하라.

가르침
우리는 흔히 재정에 집중하는 것은 왠지 잘못되었다고 느끼곤 한다. 하지만, 사실 신체적 관점에서는 돈이 삶을 훨씬 더 편안하게 만들 수 있다. 황소자리는 이것을 깨닫고 있고, 황소자리의 신월은 당신이 바라는 안락함을 빚어낼 수 있도록 당신이 원하는 돈을 만들어낼 마법이 일어나는 시간이다. 그러나 여전히 당신이 이미 가진 것을 바라는 누군가도 있다는 사실을 잊지 말길.

소통이 핵심이다
쌍둥이자리의 신월(New Moon in Gemini)

성공한 관계는 보통 하나로 요약된다. 바로 소통이다. 그리고 쌍둥이자리의 신월 카드는 당신이 품은 질문의 중심에 있는 사람과의 소통을 위한 새로운 순환의 시작에 관한 카드이다. 당신이 무엇을 궁금해하든지 대화를 나누는 것이 그 답이다. 만약 그 사람과 이야기할 수 없다면 스스로 그것에 관해 정리해 볼 수도 있다. 지금 당신에게는 이메일, 문자 메시지, 어떤 형태의 소통이든 도움이 될 것이다. 형제자매나 이웃에 관한 문제라면 지난 일을 지우고 다시 시작할 새로운 출발의 시간이 올 것이다. 또한 이 카드는 당신이 최근 너무 경솔한 경향이 있으니 몸을 사려야 한다고 말한다. 그러나 무엇보다도 기억해야 할 점은, 이 카드를 뽑는다는 것은 소통이 매우 필요하다는 의미이다.

<u>달과의 조화</u>
당신이 사랑하는 모든 이들의 이름을 나열하라. 그리고 그들 사이에 우선순위를 매기는 건 아닌지 생각해 보라.

<u>카드에 내포된 부차적 의미</u>
- 누군가에게 당신의 감정을 털어놓을 시간이다.
- 모든 것을 머리로만 생각하지도, 마음으로만 받아들이지도 말라.
- 누군가 당신을 건드리고 있다.
- 책을 더 읽어라.

<u>가르침</u>
쌍둥이자리는 소통과 교제, 아이디어와 여행을 나타내며, 쌍둥이자리와 이 카드 주변의 기운은(당신이 언제 뽑든 상관없이) 재빠르고 수다스러우며 들떠 있다. 쌍둥이자리의 신월은 밖으로 나가 사람을 사귀기에 아주 좋은 시간이다. 쌍둥이자리는 수다를 좋아한다. 한 가지 유의할 점이라면 이 카드가 정신적으로 '산만함'을 의미할 수도 있다는 것이다. 매일 명상을 한다면 머릿속에 엉킨 선을 풀어 정리하는 데에 도움이 될 것이다.

당신과 당신이 사랑하는 사람들은 안전하다
게자리의 신월(New Moon in Cancer)

당신의 사생활에 새로운 시작의 기미가 보인다. 당신이 소중히 아끼는 사람과 장소에 관련해 무슨 일인가 일어나고 있다. 이는 당신의 가족, 룸메이트, 혹은 이사와 관련이 있을지도 모른다. 사생활에서 특별한 무언가와 함께 앞으로 나아가고자 한다면, 이 카드는 그 가능성을 보여주는 메시지이다. 그동안 가족에게 무관심했다면, 다시 관계를 다져야 할 시간이다. 자신을 소홀히 했다면, 더 챙기고 신경 써야 한다. 불안감이 당신의 발목을 잡는다면, 그 불안감을 해결하기 위해 노력해야 할 때이다. 그렇게 하면 마음속 갈망을 일깨울 수 있을 것이다.

달과의 조화
가족을 최우선으로 생각하라.

카드에 내포된 부차적 의미
- 타인이 당신에게 좀 더 가까이 다가올 수 있게 허락하라.
- 당신의 아이를 위한 새로운 순환이 시작된다.
- 목표를 검토해야 할 때이다. 목표가 바뀌지는 않았는가?
- 명상은 불안감을 해소하는 데 도움이 될 것이다.
- 물가에서 시간을 보내면 평온과 해답을 얻을지도 모른다.

가르침
게자리의 신월은 극히 감정적인 시간이 될 수도 있다. 달이야 말로 감정에 관한 것이며 게자리는 물을 나타낼 뿐 아니라 매우 감정적이니까! 즉, 게자리에서 달은 매우 행복하다. 황소자리와 마찬가지로 게자리는 달이 집으로 삼는 별자리 중 하나이므로. 그래서 당신이 언제 뽑든지 이 카드는 다음에 일어나는 일이 당신에게 호의적일 것이라고 말한다. 특히 가족 문제에 긍정적이다.

자신감은 성공의 열쇠이다
사자자리의 신월(New Moon in Leo)

이 카드는 당신이 더 화려하고 이목을 끌며 자랑할 가치가 있는 무언가를 지닌 것처럼 보고 느낄 때, 새로운 순환의 시작을 예고한다. 당신이 누군가의 관심을 받고 싶다면, 이 카드의 답은 '그리될 것이다!'이다. 하지만 저절로 일어나는 일은 아닐 수도 있다. 당신은 기꺼이 당신의 몫을 해야 한다. 즉, 당신이 누구이며 무엇을 해야 하는지에 자부심을 갖는 것을 의미한다. 자신을 정글의 왕이나 여왕으로 여기고 그에 따라 행동하라. 또한 당신의 질문이 하고 있는 창의적인 프로젝트에 대한 것이라면, 이 카드는 아주 좋은 징조이다. 혹은 당신의 아이들을 위한 좋은 소식, 혹은 새로운 시작을 예고한다.

달과의 조화
시간을 내어 즐겨라.

카드에 내포된 부차적 의미
- 자신이 가진 것을 세상에 내보여야 할 때이다.
- 당신의 빛을 발산하라!
- 긍지를 가져라.
- 행복을 만끽하라. 당신은 그럴 자격이 있으니.
- 당신은 누군가의 시선을 끌고 있다.

가르침
사자자리는 마음이 넓고 용감한 사자, 긍지와 쇼맨십의 표식이며, 치근덕거림을 나타내기도 한다. 사자자리의 신월 주위의 기운은(그래서 이 카드를 뽑을 때마다 그 주변을 감싸는 기운은) 뜨거우면서도 너그럽다. 그 기운은 그 스스로를 사랑하며, 당신도 그래야 한다. 만약 당신이 너무 인기가 없는 사람이라면, 이 카드는 당신이 자신을 자랑스러워해야 한다는 점을 일깨운다.

받기보다는 베푸는 시간이다
처녀자리의 신월(New Moon in Virgo)

이 카드가 나오면, 당신의 상황을 잘 살펴야 한다. 당신은 지금 어디에 있으며, 어디로 가고 싶은가? 이 카드 속 신월의 기운은 재시작을, 처녀자리의 기운은 당신이 간단하고 잘 정돈된, 그런 현명한 재시작을 할 것이라는 점을 시사한다. 또한 처녀자리는 건강 측면이 강하기 때문에, 당신의 건강이 좋지 않았다면, 이 카드는 건강의 회복을 암시한다. 처녀자리는 유기농 식탁과 대체 요법을 좋아하므로, 이제 이 모든 것을 당신의 일상에 더해야 한다. 지금 상황이 막힌 것 같다면, 당신이 이걸 지나치게 분석하거나 비판적인 태도를 보이는 것일 수도 있다. 이제는 다른 사람이 당신을 위해 무얼 하는지 묻기보다 당신이 다른 이들을 위해 무엇을 할 수 있는지 생각할 때이다.

<u>달과의 조화</u>
아침과 저녁의 건강한 일상을 되찾아라.

<u>카드에 내포된 부차적 의미</u>
- 점진적으로 나아질 것이다.
- 성공하고 싶다면 세세한 부분에 주의를 기울여라.(지나치게 아는 체하지 말고!)
- 다른 이에게 힘이 되어준다면, 애정과 돈이 따를 것이다.
- 당신이 궁금해하는 사람은 의지할 만한 사람이다.

<u>가르침</u>
처녀자리는 건강과 서비스, 분석의 표식이며, 그 기운은 꼼꼼하고 그에 대한 대가의 성향을 지닌다. 이 카드는 머지않아 훌륭한 보상이 있음을 나타낼 수도 있다. 그러나 처녀자리의 신월이 지닌 기운은 보통 자신의 삶을 정돈하는 데에 관한 것이므로, 처녀자리에 신월이 자리할 때, 그리고 언제든 이 카드를 뽑을 때는 그렇게 해야 한다.

새로운 낭만 시대의 시작
천칭자리의 신월(New Moon in Libra)

당신이 빠진 딜레마의 해답은 상호 협력에서 찾게 될지도 모르며, 타협이 필요할 수도 있다. 이제 협상을, 혹은 재협상을 시작할 때이다. 이 카드가 나오면 당신과 다른 누군가에게는 재시작의 순간이 찾아올 것이다. 이는 새로운 관계가 시작되는 것일 수도 있고, 그런 경우라면 건강하고 균형 잡힌 관계가 될 가능성이 있다. 이 카드를 뽑고 난 뒤에 하는 어떤 일에서든지, 짝을 지어 하는 것을 권한다. 예를 들면 사업적으로나 사생활에서나 누군가와 팀을 이루는 것처럼. 천칭자리는 관계의 표식이다. 이 카드는 당신이 말하는 문제의 핵심에 누가 있든지 그 사람은 이야기를 나눔에 있어 개방적임을 나타낸다. 이기적으로 굴지 않도록 하라. 지금 그것은 아무 데도 쓸모가 없으니.

달과의 조화
누군가에게 손을 내밀고 당신이 신경 쓰고 있음을 알려라.

카드에 내포된 부차적 의미
- 더 많이 느끼고, 생각은 적게 하라.
- 결혼이나 약혼이 생길 듯하다.
- 법적인 문제는 당신의 뜻대로 될 것이다.
- 겉모습에 신경은 쓰되, 그것을 전부로 여기지는 마라.

가르침
천칭자리는 사랑과 화합, 협상과 관계의 표식이다. 그것은 조화롭고 다정하며, 풍성하고 늘 균형을 추구한다. 천칭자리에 신월이 자리하거나 당신이 이 카드를 뽑을 때는 언제라도 동업과 협상, 겉모습과 정의에 관련된 모든 것을 다시 시작할 수 있는 가능성이 있다. 천칭자리는 저울로 묘사되는 것을 잊지 마라. 이 기운은 상황을 평형 상태로 되돌리고 싶어 한다.

두려움을 극복하라
전갈자리의 신월(New Moon in Scorpio)

이 카드는 부활을 암시한다. 당신의 상황은 잿더미에서 불사조가 솟아나는 것과 같다. '탄생, 죽음, 그리고 부활'이라는 윤회의 패러다임처럼. 전갈자리의 기운은 바로 그런 것이다. 당신이 어떤 일을 겪었든지 새로이 출발하게 될 것이다. 그 출발은 약간 어두울 수도 있지만(모르긴 몰라도 무지개와 유니콘은 아닐 테니), 깊이 있고 변화하는 것이리라. 이 카드는 당신이 자신의 매력을 깨닫는다면, 지금이 바로 그 매력을 발산할 시간이라고 말한다. 또한 카드는 당신이 이성 교제에 메말라 있는 상태라면 더 흥미로운 시간이 시작될 것이라 예고하며, 감정적인 친밀함 또한 예정되어 있다. 전갈자리는 몸과 마음, 정신 속으로 깊이 파고들기를 좋아하는 별자리이다. 그러니 이 카드가 나온다면, 당신의 앞길에 피상적인 일은 없을 것이다.

달과의 조화
이성과의 관계를 소홀히 하지 마라.

카드에 내포된 부차적 의미
- 움켜쥐고 있던 악의를 내려놓을 시간이다.
- 질투에서 벗어나라.
- 강박관념은 이제 그만.
- 혹시 당신, 편집증은 아닐까?
- 투자하라.

가르침
전갈자리는 죽음과 부활, 마법과 주술의 표식이다. 전갈자리의 기운은 약간 어둡고 불가사의하며, 심지어 무섭기도 하다. 우리 모두가 내면의 그림자를 마주하는 것을 좋아하는 것은 아니나, 전갈자리는 그래야 한다고 우리를 내몬다. 당신의 어두운 면을 이겨내면서 비로소 빛을 얻을 수 있을 것이며, 전갈자리의 신월은(그리고 언제든 이 카드의 등장은) 당신이 지금 그래야 한다는 것을 나타낸다.

행운은 당신의 편이다
궁수자리의 신월(New Moon in Sagittarius)

무슨 일이 생기든지, 그 일은 당신을 미소 짓게 할 것이다. 궁수자리의 신월은 무기력한 시간이 지나고 즐거움이 다시 시작됨을 의미하기도 한다. 궁수자리의 기운은 모험심이 강하고 심지어 약간의 위험을 기꺼이 무릅쓰기도 한다. 하지만 운명의 수레바퀴는 멈추지 않고 도는 중이니 여기 어느 것에도 전부를 걸고 확신하는 것은 금물! 이 카드는 다른 사람들과 원대한 생각을 나누거나 당신 자신만의 철학을 사유함으로써 인생을 은유적으로 탐구하는 일에 관한 카드이다. 중요한 무언가에 대한 생각을 바꿔야 할 때는 아닐까? 또한 이 카드는 당신이 이동이나 여행을 계획 중이라면, 곧 순조롭게 진행될 것임을 나타내기도 한다. 하지만 종합적으로 이 카드는 다음에 무슨 일이 벌어지든지 그것은 일종의 선물이 될 것이라고 말한다. 설사 그저 당신의 세계관을 넓히는 것을 의미할 뿐이더라도.

달과의 조화
당신의 좋은 점을 인정하라. 그것들을 쓰거나 큰 소리로 말하라.

카드에 내포된 부차적 의미
- 더 소리 내서 웃어야 한다!
- 지금은 학습이나 교육 과정을 시작하기에 최적기이다.
- 속 좁게 굴지 마라.
- 주마다 감사 일기를 써라.(SNS나 저널, 블로그를 통해)

가르침
궁수자리는 재미와 여행, 탐험, 거대한 우주 탐구의 표식이다. 이것은 원대한 계획을 나타내며, 그 기운은 광활하고 긍정적이며, 행운을 부르는 신성한 것이다. 당신이 이 카드를 뽑을 때, 이 궁수자리의 신월 카드는 늘 이 모든 기운을 풍긴다. 궁수자리에 불변한 것은 아무것도 없으며, 당신이 최고를 기대함에 이 기운을 활용한다면 낙관적인 기운은 온갖 좋은 것들을 끌어들이게 될지도 모른다.

당신의 부단한 노력이 결실을 맺고 있다
염소자리의 신월(New Moon in Capricorn)

다른 무엇보다도 이 카드는 직업적으로 새로운 시작을 시사한다. 당신의 직장 생활에 무슨 일이 있는지 이 카드는 일적으로 새롭고 더 향상된 순환 주기의 시작을 예고한다. 현재의 직장이 만족스럽지 않다면, 지금이야말로 당신의 위치를 재교섭하거나 새로운 일을 찾아야 할 때이다. 당신이 품은 의문이 일과 관련이 있든, 혹은 다른 것이든 새로운 계획과 전략이 필요하다. 장기적으로 한번 살펴보고 12개월 후, 혹은 5년 후 당신의 자리에 대해 생각해 봐야 한다. 그 답이 지금 당신에게 최선이 되는 행동 방향을 알려줄 테니 진지하게 고심하라. 이 카드를 뽑는다면, 당신이 성취하고 싶은 것에 대해 포부를 가져야 할 때라는 의미이다.

달과의 조화
적절한 계획을 세우고 잘 실행하라.

카드에 내포된 부차적 의미
- 목표에 도달하려면 스스로를 좀 더 단련해야 한다.
- 부단히 노력하면 꿈이 실현되리라.
- 학습이나 교육에 매우 길한 징조이다.
- 너무 억누르지도 말고, 그런 사람도 피하라.

가르침
염소자리는 야망과 구축, 그리고 부단한 노력의 표식으로, 그 기운이 견고하고 단단하다. 염소자리의 신월은 매년 말 무렵에 찾아오는 강력한 삭망월이며, 당신의 꿈과 희망, 야망, 다음 해의 목표를 열거하기에 최적의 순간임이 틀림없다. 언제라도 이 카드를 뽑는 것은 당신이 마음먹은 것이 무엇이든 계획과 수양을 통해 이룰 수 있음을 시사한다.

애정을 갖고 상황을 대하라
물병자리의 신월(New Moon in Aquarius)

물병자리는 진보와 현대성이 최고인 만큼, 지금이 앞으로 나아가야 할 때이다. 물병자리의 신월 카드는 '돌아보지 말라'는 의미이다. 변화의 시기가 오고 있으며, 당신의 생각보다 빠를지도 모른다. 당신이 바라는 변화를 맞이할 수 있을지는 당신 스스로 그럴 수 있다고 믿는지, 그 변화를 이끌어줄 다른 이들을 당신이 얼마만큼 신뢰하는지에 달려 있다. 이 카드는 당신 혼자 자주적으로 일을 해야 함을 시사하기도 한다. 그러나 너무 사무적이기보다는 애정을 가져라! 이 카드가 나온다면, 가장 중요한 본질은 시간일지도 모른다. 물병자리의 기운은 시간에 강렬한 감각을 지니고 있으니. 하루빨리 과거를 잊고 미래로 나아가야 한다는 생각이 분명하게 자리하고 있다.

달과의 조화
중요한 건 무엇을 아느냐가 아니라 누구를 아느냐에 있다.

카드에 내포된 부차적 의미
- 이 상황에 거리를 좀 둬야 한다.
- 틀에서 벗어나 새로이 사고하면, 해결책이 나오기도 한다.
- 더 현실적으로 생각하라.
- 자비를 베풀어 좋은 업보를 쌓아라.

가르침
물병자리는 발명, 현대의 진보와 기술, 그리고 인간성의 표식이다. 물병자리의 기운은 약간 불안정하다. 그것은 개인적이고 체계적이며, 그에 비해 감정적으로는 분리되어 있다. 많은 사람이 물병자리의 상징 부호가 물을 긷는 병이기 때문에 물의 별자리라고 생각한다. 하지만 사실 이것은 공기의 별자리이고, 감정적인 물의 별자리보다 훨씬 더 지적인 성향을 보인다. 관습을 깨뜨리는 것도 이 기운과 잘 어울린다.

명상하고 사색하라
물고기자리의 신월(New Moon in Pisces)

이 카드는 꿈과 낭만, 솔메이트와 시를 이야기한다. 당신이 비현실적인 공상과 완전한 변화 사이의 어딘가에서 느끼는 문제와 연관된 새로운 시작이 당신의 앞길에 기다리고 있다. 전에도 당신이 겪은 적 있고 그래서 이번에도 기대하고 있는 일이라면, 혼란과 실망이 있을지도 모른다. 하지만 만약 당신이 좋은 일을 하고 있다면 간절히 염원해 보라. 당신의 영혼과 마음의 말이 꿈을 실현하는 데에 도움을 줄 수도 있으니. 그 모든 것이 희끄무레하고 감상적인 듯 느껴지는가? 그게 바로 당신이 뽑은 물고기자리이다.

달과의 조화
감정이 당신의 길을 인도케 하라. (지금은 논리가 통하지 않는다.)

카드에 내포된 부차적 의미
- 두려움에 맞서라. 그것이 당신을 억누르고 있을지 모르니.
- 상황이 나아지고 있다.
- 신에게 고개 숙일 시간이다. '옴 나모 나라야니(Om Namo Narayani, '비슈누의 화신 나라야나를 경배합니다.'라는 뜻)'라는 만트라를 읊어라.
- 누구를 기만하지도, 기꺼이 속아주지도 마라.

가르침
물고기자리는 몽상과 신비, 혹은 감정의 깊이, 이상주의, 절망적인 로맨티스트의 표식이다. 또한 물과 무의식을 나타내며, 그 기운은 아주 깊어 마치 깊은 물속 같다. 물고기자리의 신월은 당신의 감정에 귀 기울이고, 그것을 완전히 자유롭게 할 시간을 의미한다. 당신이 스스로를 속이려 하지만 않는다면, 이 카드를 뽑을 때 당신이 느낀 감정이 실제 사실보다 더 가능성이 있다. 그것이 참인지 거짓인지는 오직 당신만이 알겠지.

Full Moon Cards

만월 카드

불타오르는 클라이맥스가 임박했다!
양자리의 만월(Full Moon in Aries)

당신이 조금 과하게 '나, 나, 내'를 하진 않았는지 확인해 볼 시간이다. 당신이 바라는 것과 다른 누군가가 바라는 것 사이에 줄다리기가 벌어지고 있는데, 다음이 어떻게 될지 지켜보며 조금 더 기다려야 할 듯하다. 기다리면서 자신이 가능한 한 세심하게 상황을 다뤄왔는지 자문해 보라. 만약 당신이 약간 성급하거나, 가혹하거나, 너무 서두르고 선을 넘는 행동을 했다는 것을 마음속으로는 깨닫고 있다면, 당신 자신이 이 상황을 만들었다는 사실을 받아들여라. 그것은 거기서 벗어날 방법도 만들어낼 수 있음을 의미한다. 이 카드가 나온다면, 절정이 임박하고 그것이 더 맹렬해질지도!

달과의 조화
당신이 바라는 곳으로 항해할 때는 친절하고 다정하게, 미소 지으며 예의 바르게 행동하라.

카드에 내포된 부차적 의미
- 적극적인 것은 좋다. 다만 다른 이에게 함부로 굴지 말라.
- 긴장 상태에 있다면 평온을 찾도록 명상하라.
- 애처럼 굴지 마라(미안하지만, 이것이 문제가 될 수 있다.)
- 더 즐겨라!

가르침
양자리의 만월은 감정이 매우 고조될 수 있는 굉장히 강렬한 시간이다. 앞에 무엇이 놓여 있을지 짜릿하지만, 경솔한 말이나 판단과 함께 화가 치밀어오를지도 모를 일이다. 당신이 언제 이 카드를 뽑든, 이것은 상황이 이제 막 정점에 이르렀거나 혹은 곧 정점에 이를 것임을 시사한다. 어쩌면 다소 격한 방식으로. 너무 경쟁적이거나 직설적으로 행동했다면 치러야 할 대가가 있을지도 모른다.

당신의 꿈에는 현실적인 계획이 필요하다

황소자리의 만월(Full Moon in Taurus)

약간의 마법을 엮어야 할 때도, 현실적으로 움직여야 할 때도, 그 둘을 병행해야 할 때도 있다. 이 카드는 당신이 지금 바로 여기에 있음을 시사한다. 끌어당김의 법칙을 활용해(상상하고, 기대하고, 기꺼이 받아들임으로써) 원하는 것을 끌어와야 하지만, 목표를 향해 현실적인 걸음을 내딛는 것과 균형을 맞춰야 한다. 달에게 소원을 빌며 최상을 바라는 것이 아닌, 꿈을 이루기 위한 주요 항목 같은 것을 만들어야 한다. 만약 당신의 질문이 돈에 관한 것이라면, 이 카드는 당신의 과거 행동과 당신이 기대하는 바에 따라, 그리고 그에 따른 끌림에 따라 재정적 운명의 변화를 예고한다.

달과의 조화
당신이 알고 있는 자신의 멋진 점 10가지를 적어보아라.

카드에 내포된 부차적 의미
- 당신의 현재 상황이 나태로 인한 것이라면, 그것을 인정하고 바꾸도록 하라!
- 돈을 좇는 것은 효과가 없다. 꿈을 좇아야 한다.
- 질투나 선망은 부정적인 기운을 만들고 부정적 성향을 불러일으킨다.
- 신체 활동을 더 해야 한다.

가르침
황소자리의 만월은 땅으로 돌아가 닻을 내리는 시간이자, 당신이 상대해 온 부정적인 감정을 떨쳐내고 열정의 강도에 균형을 찾는 시간이다. 황소자리에 만월이 뜰 때 돈 문제가 정점에 이를지도 모르나, 당신이 이 카드를 뽑는다면 현금 흐름에 더 신경을 써야 한다는 신호로 받아들일 수 있다.

필요로 하는 해답을 찾을 것이다
쌍둥이자리의 만월(Full Moon in Gemini)

이 카드는 진실을 말하는 것이 중요하다는 것을 상기시키지만, 당신이 뱉는 말에는 결과가 있고 그것은 듣는 이에게 영향을 미친다는 것을 명심하라. 지금 당장은 경솔한 언동을 경계해야 한다. 당신에게 필요한 해답은 곧 찾을 수 있을 것이다. 당신이 직면한 문제는 몇 번의 대화로 잘 해결될 수도 있다. 당신의 질문이 연애 상황에 관한 것이라면, 약간의 가벼운 유혹이 필요할 수도 있다. 만약 당신이 누군가와 언쟁을 벌이는 중이라면, 이 카드는 당신에게 쌍둥이자리답지 않으며, 오래된 메시지인 '

입이 화근이다.'를 상기시킨다. 대화는 좋지만, 당신의 말로 인해 문제를 일으키지 않도록 주의하라. 형이상학자 플로렌스 스코벨 신(Florence Scovel Shinn, 1871~1940)은 이렇게 표현했다. '당신이 뱉은 말은 당신의 요술 지팡이다!' 당신은 자신의 의사를 표현할 때마다 불가사의한 힘과 자신의 현실을 창조해 낸다.

달과의 조화
중요한 대화는 나누되, 침착성을 잃지 마라!

카드에 내포된 부차적 의미
- 가볍게 굴지 마라.
- 누군가 당신을 건드리려 하고 있다. 알아챘는가?
- 이 상황을 웃어넘기고 그냥 넘어가는 것이 좋다.
- 구직 지원서의 결과를 기대할 만하다.

가르침
감성적인 만월이, 이야기하기 좋아하는 쌍둥이자리에 들어가는 동안 말하고, 대화하고, 더 많이 이야기 나눠라. 수다는 정도를 넘기기 너무 쉬우므로, 이 카드를 뽑으면 말을 조심하라. 쌍둥이자리의 만월은 교제하기 좋은 시기이므로, 이 카드는 즐거운 사교행사를 나타낼 수도 있다. 또한, 당신이 진행 중이거나 고려하고 있는 연구에도 상서로운 전조가 된다.

개인적인 문제가 해결된다
게자리의 만월(Full Moon in Cancer)

게자리의 만월이 대단히 감정적인 표식인 만큼, 상황이 아주 달아오를 듯하다. 지금 주변에 느껴지는, 혹은 질문을 둘러싼 무언가의 폭발이 생길 수 있다. 이 카드를 뽑으면 다른 사람을 세심하게 대하는 것이 중요하다. 주변에 매우 섬세한 감성이 있으므로 목표나 꿈을 향해 나아감에 있어 신중히 발을 디뎌라. 이 카드는 특히 여성적인 시기를 나타낸다. 또한 가족 문제를 다뤄야 할 시간이 다가옴을 예고하지만, 걱정할 것은 없다. 문제가 끝을 향해 가고 있다는 것을 나타내므로. 그리고 이 카드는 집안 문제나 개인적인 문제가 머지않아 정점에 다다를 것임을, 또한 집을 옮기기에 적기임을 암시한다. 당신의 질문에 대한 답은 다정한 리더가 되는 것에 있다. 지금은 당신이 앞으로 나와 자신의 불안감을 극복하는 데에 동의할 때이다.

달과의 조화
비스듬히 비켜서서 자신이 바라는 방향으로 나아가는 것이 가장 최선의 방법일지도.

카드에 내포된 부차적 의미
- 명상으로 고조된 감정을 달래라.
- 집착하지 않도록.
- 삐치지 마라!
- 최근 가족과의 시간은 넉넉히 보냈는가?

가르침
달과 게자리의 고조된 감성은 무시할 수 없다. 게자리는 달이 집으로 삼는 별자리 중 하나라서 점성학적으로 달은 이 별자리에 머무는 것을 좋아하며, 사실 게자리를 지배하기도 한다. 이것은 이 카드와 더불어 '모든 것은 원래의 자리로.' 또는 '곧 모든 것이 좋아질지니, 걱정하지 마라.'라는 뜻을 내포한다.

당신의 자부심이
걸림돌이 되지 않게 하라
사자자리의 만월(Full Moon in Leo)

당신의 자부심이 장애물이 되도록 방치해 왔는가? 당신이 묻는 질문은 당신의 자아에 따른 것인가, 아니면 마음에서 우러난 것인가? 사자자리의 기운은 모두 마음에 관한 것이다.(마음이 넓은 정글의 왕, 사자를 떠올려 보라.) 그 기운도 장엄하지만, 그것이 만월의 돌풍과 결합하면 상상을 초월할 수도 있다. 이 카드는 커져버린 교착 상태를 당신이 끝내야 하기 때문에 당신에게 찾아왔을지도 모른다. 더 위대한 선에 대한 생각과 사랑이 이 딜레

마에 대한 해결책이다. 혹여 최근에 '남에게 대접받고 싶은 바'를 당신이 먼저 행하지 않았다면, 지금은 당신의 욕구와 주변 사람들의 욕구 사이에서 균형을 찾아야 할 때이다. 이것은 당신의 모든 관계에 도움이 될 것이다.

달과의 조화
너무 평범하게 굴지 말고, 당당하고 기품 있게 행동하라!

카드에 내포된 부차적 의미
- 자부심은 좋지만, 자만심은 나쁘다.
- 모든 사람은 똑같이 중요하다.
- 창조의 욕구를 따라야 한다. 마법을 부려라!
- 우정에 끝이 오고 있는지도 모른다.

가르침
만월이 사자자리에 들어오면, 사람들이 자신의 재능과 자산을 세상에 내보일 수 있는 자신감이 더 커지는 놀랍도록 눈부신 시간이 될지도 모른다. 그것이 이 삭망월과 카드의 좋은 면이다(언제 그 카드를 뽑든지). 그러나 사자자리와 만월의 조합은 당신의 욕구와 당신의 인적 네트워크에 있는 사람들의 욕구 사이에 일종의 긴장감을 조성한다는 사실에 유의하라. 사자자리의 만월은 자부심을 발산하는 시간이다.

당신은 충분히 잘하고 있다
처녀자리의 만월(Full Moon in Virgo)

스스로에게 솔직해지고 무엇이 당신의 질문을 이끌었는지 이해해야 할 때이다. 자신을 내세우지 않았다고 할 수 있을 정도로 겸손하게 행동했는가? 겸손은 좋지만 너무 과할 수도 있고, 이 카드를 뽑는다는 것은 자신을 과소평가하고 있을지도 모른다는 것을 암시한다. 허울 좋게 보일 필요는 없으니, 그저 충분히 잘하고 있다고 차분하게 확신하면 될 뿐이다. 반대로 이 질문에는 정직하게 대답해야 한다. 너무 까다롭게 굴지는 않았는가? 처녀자리의 만월은 몇 가지 진실된 대답을 필요로 한다. 일단 그

대답을 하고 나면 어떻게 당신이 지금 그 자리에 이르렀는지 이해하기는 더 쉬울 것이다. 그러고 나면 다음 걸음은 더욱 확실해야 한다. 세세한 부분까지 주의를 기울여라. 열심히 노력하면 결과가 따를 것이다.

달과의 조화
당신의 일상에서 우주와 세속 사이의 균형을 찾아라.

카드에 내포된 부차적 의미
- 지나친 고민은 더 많은 걱정거리를 끌어들인다.
- 과하게 비판적이지는 않았는가? 사과가 먼저일지도.
- 지난 일로 자책하는 것은 금물.
- 다른 사람에게 좋은 일을 해서 좋은 업보를 쌓아라.

가르침
처녀자리의 만월은 당신의 삶과 집, 사무실을 정리하는 시간이다. 지금이야말로 자신에게 도움이 되지 않는 것과 좋은 것을 분류할 때이며, 목욕과 명상을 통해 당신의 기운을 맑게 하고 맨발로 걸음으로써 땅에 발을 딛는 훈련을 해야 할 때이다. 당신이 언제 이 카드를 뽑느냐와 상관없이, 이는 언제라도 더 건강한 삶을 시작하기에 좋은 시간이라는 점을 상기시킨다.

모두가 득을 보는 결과가 예측된다
천칭자리의 만월(Full Moon in Libra)

천칭자리의 만월 카드는 파트너십, 사랑에 빠지는 것, 다른 사람과 밀접한 관계를 맺는 것의 표식이다. 만월은 클라이맥스와 결말에 대한 것이므로, 이 카드는 당신이 새로운 관계를 시작하려 하거나 현재의 중요한 관계가 어떤 방식으로든, 어쩌면 끝이 나거나 새로운 단계의 약속으로 옮겨가는 방식으로 변화하고 있음을 시사한다. 사람들이 우리에게 다가오는 것은 이유가 있기 때문이며, 때로는 그것이 일시적인 선택일 뿐이라는 점을 기억하는 것이 중요하다. 지금 관계가 끝나가는 중이라면 그것이 맞는 시기인 것이니 다투지 않도록 노력하라. 이 카드는 직업적인 관계에서도 참고할 수 있다. 당신의 자아와 다른 사람의 욕구가 균형을 이루게 해야 한다. 서로간의 타협으로 모두가 득을 보는 것이 가능하다. 그렇게 하는 것이 당신의 질문에 대한 대답이 될 수도 있다.

달과의 조화
멀어지는 것을 놓아줘야 할 때….

카드에 내포된 부차적 의미
- 애정 어린 눈으로 상대를 보라. 그것이 당신의 시각을 변화시킬 것이다.
- 이제 확실하게 결정해야 할 때이다.
- 잠시 자신에게 집중할 시간.
- 자신을 돌보되 자만하지 않도록.
- 지금은 변신하기 딱 좋은 시간이다.

가르침
천칭자리의 만월 카드는 당신의 욕망과 주변 사람들의 욕망 사이에서 균형을 찾으라고 권한다. 균형은 매우 천칭자리다운 기운이고, 만월은 상황을 정점에 다다르게 한다. 극적인 사건과 곤경은 파트너십을 표면화한다. 또한 천칭자리의 기운은 사랑의 에너지도 일으킨다. 협상은 수월하게 진행된다.

부정적 성향을 내려놓을 시간이다
전갈자리의 만월(Full Moon in Scorpio)

만약 당신이 편집증에 시달리며 이상하게 행동하고 있다면, 이 카드를, 당장 멈추라고 우주에서 보내는 아주 직접적인 전언으로 받아들이도록 하라. 마음만 썩이는 것은 무의미하다. 이제 궁금해하는 상황에 대해 당신이 지니고 있는 부정적 성향을 내려놓을 시간이다. 누군가 당신에게 야박하게 굴었다면, 아마 그들을 포기할 시간인 것이다. 만월과 전갈자리 둘 다 극도로 치열하기 때문에, 이 카드는 감정적으로 격렬한 시기가 될 것임을 예고한다. 이제 당신의 모든 감정을 느낄 때이다. 이 카드를 뽑을 때, 당신은 약간의 불쾌감이 감돈다고 느낄 수도 있다. 만약 그렇다면, 당신이 해롭다고 느끼는 무언가나 누군가로부터 멀어지라는 신호로 받아들여라. 그러나 몇몇 사람들에게 이 카드는 전혀 다른 의미를 지닌다. 노력한다면 당신의 성생활이 개선될 수 있다! 마법을 펼쳐라. 당신은 바라는 결과를 얻기 위해 필요한 모든 것을 내면에 지니고 있다.

달과의 조화
감정을 드러내라! 속에 두는 것보다 밖에 내보이는 게 나으니.

카드에 내포된 부차적 의미
- 걱정 가득한 삶에서 기쁨에 찬 삶으로 바꿀 때이다.
- 의혹을 품는 것이 맞다.
- 원한에는 독성이 있으니, 그만 멈춰라.
- 말다툼은 끝났다.

가르침
전갈자리의 만월은 전갈 꼬리의 독침처럼 끝이 불쾌하다. 이는 관계에 앙심을 품는 결말을 예고할 수도 있다. 바르게 행동하고 싶지만 약간 무례하게 굴 때도 있다. 언제든 이 카드를 뽑는다면, 당신의 어두운 면과 '그림자 속 자아'가 나타날지도 모른다. 전갈자리의 만월은 또한 마법의 시간이다. 만약 당신이 마법을 좀 부릴 생각이었다면, 이것은 그 징조이다!

더 큰 그림을 보라
궁수자리의 만월(Full Moon in Sagittarius)

당신이 빠진 딜레마의 세세한 부분까지 너무 과하게 생각하는 것은 아닐까? 사소한 것들에 조바심을 내다가는 역효과가 날지도 모른다. 혹여 당신, 늘 말만 하고 행동에 옮기지는 않는 것인가? 이 카드는 일을 충분히 생각하는 것은 좋지만 때로는 한걸음 물러서서 더 큰 그림을 봐야 한다는 점을 상기시킨다. 그렇다면 현재 상황에 대해서는 어떻게 생각하고 있는가? 여기에 관해 당신이 할 수 있는 가장 긍정적인 생각은 무엇인가? 아직 정확히 당신이 원하는 것을 가지지 않았다 하더라도 좋은 점들을 헤아려볼 때이다. 또한 이 카드는 때로는 몇몇 위험을 감수하고 인생이라는 이 여행에서의 불확실성을 받아들여야 한다고 말한다. 무엇이 최선인지 열린 마음으로 생각하도록 하라. 우주가 당신을 놀라게 할지도 모르니.

달과의 조화
짧은 휴식이나 모험을 위한 시간을 가져라.

카드에 내포된 부차적 의미
- 당신이 한눈파느라 이런 상황이 왔을 수도 있다.
- 이길 수 있다는 자신감을 가져라.(자만하지는 말고)
- 당신이 신경 쓰고 있다는 모습을 보여준 적이 있는가? 그렇지 않다면, 지금이 바로 그날이다.
- 자신의 생각을 말하는 것과 수다 떠는 것 사이의 균형을 찾아라.

가르침
궁수자리의 만월은 우리에게 인생은 모험이며 우리 무대 너머에 광활한 세상이 있다는 것을 일깨워주는 시간이다. 재미를 느끼고 미지의 영역으로 항해할 준비를 하는 것이자, 원대한 계획 vs 세부 사항에 관한 것이다. 이 카드를 언제 뽑든지, 이는 당신에게 더 큰 그림을 보라고 권한다.

힘든 순환 주기의 끝이 다가온다
염소자리의 만월(Full Moon in Capricorn)

당신이 바라는 것을 위해 얼마나 열심히 노력할 의사가 있는가? 이 카드는 노력의 필요성을 상기시킨다. 이 카드가 나오면 직장 문제가 곧 정점에 이를지도 모른다. 지금의 직장에 남아야 할지, 아니면 떠나야 할지 고민하고 있다면, 이 카드는 출구를 만들 강력한 신호탄이 될 수 있다. 험난한 시기의 끝이 예견된다. 또한 이 카드는 당신에게 얼마나 야망이 있고, 무자비하지는 않는 선에서 직업상의 꿈을 이루기 위해 온갖 노력을 다할 준비가 되어 있는지 생각해 보라고 말한다. 당신의 질문이 연애에 관한 것이었다면, 이 카드는 현실을 직시하라는 외침이 될 수 있다. 당신이 궁금해하는 게 어떤 상황이든지, 계획을 세우는 것은 도움이 될 것이다. 개인 생활이 어수선하다면 그것을 더 우선적으로 처리하라.

달과의 조화
움켜쥔 손아귀를 풀고 우주를 믿어라.

카드에 내포된 부차적 의미
- 프로젝트가 이제 끝날지도 모른다.
- 지나치게 냉정하거나 완고했다면, 그 사실을 인정하라.
- 개인 생활과 사생활 사이의 균형을 찾아라.
- 최악에 대한 두려움을 멈출 시간이다.

가르침
염소자리의 만월은 매우 강한 직업윤리와 기운을 지니며, 당신이 직업에 관한 질문을 할 때 나타날 가능성이 더 많다. 당신의 질문이 다른 문제에 관한 것이라면, 그것은 당신이 자신의 상황에 대해 느꼈을지도 모를 어떤 절망의 감정들을 헤쳐 나가기 위해 절실히 필요한 조언의 역할을 할 것이다. 계획을 세우는 것은 시간을 훨씬 더 잘 활용하는 방법이다.

세상에 진정한 당신의 모습을 드러내라
물병자리의 만월(Full Moon in Aquarius)

이 카드는 당신이 어떤 상황에 대해 묻고 있든, 거기서 조금 분리되어야 한다는 우주의 전언을 전달한다. 누군가 지금 당신에게 어느 정도 거리를 두고 있을지도 모르나, 그것이 그리 나쁜 일은 아니다. 비록 변화가 무섭게만 예상될지라도, 삶이 전개되고 진전할 수 있도록 하는 것이 중요하다. 만약 당신이 세상에 진정한 자신을 보여주는 것에 망설여왔다면, 이 카드는 당신만이 가진 고유한 특징이 당신을 특별하게 만든다는 사실을 알려

준다. 당신은 관계에서 너무 냉담하거나 무심하지 않은가? 앞으로 나아가라. 그리고 당신 앞에 벌어질 모든 일에 자신의 모습 그대로 자연스럽게 행동하라.

달과의 조화
자신의 감정을 의식하되 나아가기 위한 준비도 해야 한다.

카드에 내포된 부차적 의미
- 인생의 아름다움과 낭만을 잃지 마라.
- 머릿속이 너무 요란하다. 마음의 소리를 들어라!
- 친구가 당신을 필요로 하니, 그들의 곁에 있어주어라.
- 상황이 매우 예상치 못한 전환점을 맞게 될 것이다.

가르침
모든 만월은 내려놓고 떠나보내는 시간이지만, 물병자리의 기운이 더해지면 메시지는 세 배로 강력해진다. 물병자리는 집착과는 반대 성향을 지니므로, 이 카드는 당신이 놓아줘야 한다는 것을, 또는 누군가가, 아마도 당신을 놓아줘야 한다고 생각하고 있음을 암시한다. 무엇을 보내야 하는가? 무엇이 옳은 일인가? 다음에 무슨 일이 벌어지든 매우 색다르거나 예상하지 못한 일일 것이다.

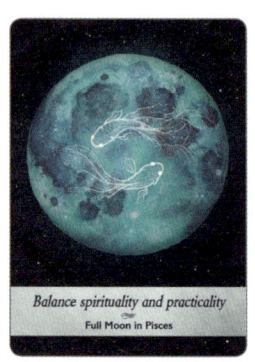

정신성과 현실성의 균형
물고기자리의 만월(Full Moon in Pisces)

몽상에 빠져 현실감각을 잃어본 적이 있는가? 그런 적이 있다면 이 카드를 당신이 목표를 향해 나아가기 위해 주의를 기울이고 합심하여 노력해야 한다는 신호로 받아들여라. 당신이 할 수 있는 한 더 현실적인 조치를 취할수록 좋다. 이제 당신의 책임과 꿈 사이에서 내적 균형을 잡아야 할 때이다. 당신의 질문에 대해 명상하라. 그러면 그 문제에 대한 해결책이 아주 명확하게 나올지도 모르니. 순교자 행세를 해오느라 곤란한 상황에 처해 있다면, 이 카드는 모두를 위해 그 행위를 멈추라는 우주에서 온 전언이 될 것이다.

달과의 조화
매일 명상을 하고 무엇이 당신을 향하는지 보라. 해답이 보일 것이다.

카드에 내포된 부차적 의미
- 당신은 지금 너무 낭만적이지는 않지만, 그렇다고 너무 현실적이지도 않은 상태이다.
- 직감을 따라라. 실망스럽지는 않을 것이다.
- 최악의 경우 이 카드는 꿈이 끝남을 예고하기도 한다.
- 당신이 궁금해하는 사람이 솔메이트이다.
- 약물을 남용하지 마라.

가르침
물고기자리는 12궁도의 마지막 별자리이기 때문에, 물고기자리의 만월은 상징적으로 끝을 나타낸다. 달이 물고기자리에 가득 차거나 당신이 이 카드를 뽑을 때는 감정에 깊이 빠져드는 시간이다. 현실성이 물고기자리의 끝이 보이지 않는 신비로운 에너지와 충돌하고 있으니, 지금은 한 걸음 한 걸음 신중히 나아가야 할 때이다. 만월이 물고기자리에 있을 때 영적 능력이 고조되니, 이제 솔메이트와 가까워진다. 또한 이때는 당신의 두려움을 벗어버리고 자신의 꿈을 우주로 보내는 시간이기도 하다.

Special Moon Cards
스페셜 문 카드

강렬한 변화를 기대하라
신월의 월식(New Moon Eclipse)

당신이 원하는 꿈을 이루고 바라던 결과를 얻을 수 있다는 확언을 기대한다면, 이것이 바로 그 카드이다. 이것은 시작의 카드이고 일적인 측면에 강력한 기운을 지닌다. 그러나 대비가 되어 있어야 한다. 꽤 험난한 여정이 될 수도 있고, 심지어 벌어지는 사건들이 신경에 거슬리고 불편할 수도 있다. 하지만 당신이 취하는 새로운 방향은 대체로 현재 당신의 위치보다 더 나은 곳으로 이끌 것이다. 지금 일어나는 모든 일이 감사할 이유임을 지나고 나면 당신도 알게 될 것이다. 새 시작의 문이 열리고 있다.

당신은 지난 과거를 잊고 그 사이를 헤쳐 나올 용기를 가지기만 하면 된다. 당신은 다시 옳은 길에 들어서고 있다. 그러니 두려워하지 마라.

달과의 조화
과거에 연연하지 마라. 삶은 매일 진화하는 것이니.

카드에 내포된 부차적 의미
- 좋다, 좋아. 천 번을 물어도 대답은 YES!
- 삶의 목적을 향해 당신의 궤도가 수정되고 있다.
- 지금 일어나는 모든 일은 당신의 최고선을 위한 것이다.
- 지금은 인생의 중대한 전환점이다.

가르침
신월의 월식은 점성학적으로 가장 흥미진진한 사건의 하나이다. 이것은 속도의 전폭적인 변화를 예고한다. 마치 당신이 어쩌면 자아의 인도로 한 방향으로 향하고 있다가, 이제 여기 신성한 존재, 즉 여신이나 영혼이 와서 당신이 실제로 가야 할 방향을 직시하도록 만드는 것이다. 이 카드를 뽑을 때 신월의 월식이 실제로 일어나든 그렇지 않든 간에, 이것은 긍정적 전환이 일어날 것임을 강하게 확언해 준다.

손닿을 곳에 결말이 있다
만월의 월식(Full Moon Eclipse)

만월의 월식, 그리고 바로 그런 식으로 문도 닫힌다. 쾅! 이 카드를 뽑는다면 지금 궁금해하는 상황이 정점에 달하는 중이거나 방금 그렇게 되어서, 이제 당신의 손에서 떠난 문제가 되었다는 의미이다. 당신이 지금 경험하고 있는 일은 당신의 영혼이 바란 것, 바로 당신이 깨달음을 얻고, 당신의 영혼이 발전하는 방법이다. 그러니 사건이 전개되는 것을 받아들이며 스스로에게 관용을 베풀라. 누군가 혹은 무언가를 자신에게서 놓아주려면 지금이 적기이다. 물론 쉽지 않겠지만. 누군가를 용서하는 것은 긍정적인 방식으로 이 상황을 해결하는 열쇠가 될 수 있다. 그것은 그들이 이미 행한 일을 바로잡을 수는 없지만, 당신을 나아갈 수 있도록 해준다.

달과의 조화
나에게 예정된 것은 나를 지나치지 않을 것이다.

카드에 내포된 부차적 의미
- 지금 쾅 닫힌 문은 다시 열리지 않으리라.
- 이제 다시 제 궤도에 오를 시간이다.
- 용서는 당신을 업보로부터 자유롭게 할 것이다.
- 명상, 요가 호흡과 요가 니드라, 지금 무엇이든 하라.
- 움켜쥔 손아귀를 풀고 사건이 전개되도록 하라.

가르침
만월은 거의 늘 클라이맥스와 결말에 관한 것이다. 만월의 월식 또한 그러하나, 거기에 스테로이드를 사용한 상태라 보면 된다. 만월의 월식은 많은 이들이 불편해하는 변화의 전조이기 때문에 다루기 어려울 수도 있다. 그러나 변화는 삶의 일부분이고, 이 카드는 그 사실을 상기시킨다. 또한 만월의 월식은 칼 융이 '내면의 그림자'라고 표현한 것을 들여다 볼 순간을 우리에게 제공한다. 당신의 어둠을 파악하라.

기운이 점차 세지고 있다
차오르는 달(Waxing Moon)

달이 차오르는 동안 희망은 끊임없이 샘솟는다. 이 카드는 매우 긍정적인 징조로서, 비록 손이 좀 필요하고 아직 그곳에 이르지는 못했지만 당신은 자신이 꿈꾸는 현실을 만들 수 있다는 것을 나타낸다. 지금은 기운이 솟아나는 시기이다. 정서 또한 커지고 있다. 당신이 가고픈 곳은 어디인가? 자신이 그곳에 닿을 수 있다고 믿는가? 당신은 계속해서 명상하며 바라던 결과에 집중할 수도 있고, 목표를 향해 더 현실적인 조치를 취하겠다는 용기 있는 약속을 할 수도 있다. 어느 쪽을 선택하든지 당신은 분명 바른 길을 가고 있다.

달과의 조화
나는 내가 바른 방향으로 나아가고 있다는 것을 알고 있다.

카드에 내포된 부차적 의미
- 잠재력이 넘치는 상황이다.
- 꿈이 실현될 수도 있다.
- 아직 더 많은 노력이 필요하다. 기꺼이 할 마음이 있는가?
- 목표를 검토하고, 당신이 여전히 그것에 전념하고 있는지 확인하라.
- 앞으로 계속 나아가라.

가르침
차오르는 달의 주기는 달의 순환 가운데 신월에서 만월까지를 말한다. 이 기간 동안 달은 매일 밤 조금씩 더 크고 둥글어지는 듯 보인다. 이때는 힘을 부여하고 부여받는 시기이기에 이 카드는 매우 조짐이 좋은 카드다. 그리고 이 카드는 실제로 언제 카드를 뽑든, 지금이 계획을 세우고 그에 따라 행동할 때임을 시사한다.

무엇을 놓아야 하는가?
기우는 달(Waning Moon)

기우는 달은 서서히 줄어드는 것을 가리킨다. 삶은 순환하는 것이며 때로 우리는 멈춰 쉬거나 무언가를 포기해야 한다. 달의 순환 주기에서 언제 이 카드를 뽑는가와 상관없이, 이것은 상황이 좋아졌든, 나빠졌든, 그 정점에 이르렀다는 신호로, 이제는 좀 더 천천히 나아가야 할 때이다. 이것은 주기상 가을과 겨울을 의미한다. 그렇다면 무엇을 놓아야 할까? 그것은 아마 분명히 당신이 묻고 있는 상황에서 나온 무언가일 것이다. 이 카드는 매우 긍정적일 수도 있겠지만, 무언가를 놓아주고 그렇게 부단히 노력하던 것을 멈추라는 조심스러운 제안일지도 모른다.

달과의 조화
쥐고 있던 것을 놓고 새로운 것으로 옮겨가도 위험하지 않다.

카드에 내포된 부차적 의미
- 가능한 한 저항이 적게 하며 전진한다.
- 지금은 새로운 프로젝트를 시작할 때가 아니다.
- 감정적인 앙금은 지금 내려놓는 것이 좋다.
- 미안하다고 말하라.
- 명상이나 요가 같은 정력적인 활동을 하라.
- 머지않아 앞에 놓인 것을 보게 될 것이다.

가르침
기우는 달의 주기에는 매일 밤, 하늘을 올려다보는 시간을 가져라. 달이 만월에서 신월이 되기까지 점점 더 작아지는 것을 볼 수 있을 것이다. 지금은 모든 것이 점점 사라지는 시간이다. 누구에게, 혹은 무엇에 집착할 때가 아님은 분명하다. 이 카드를 뽑는 것은 당신의 상황이 가을, 겨울의 단계에 있음을 암시한다. 그러니 새로이 자리를 잡고 재생 과정을 시작하라.

아무 결과도 얻지 못하리라
허공의 달(Void-of-Course Moon)

질문을 받고 해독하는 때에 따라 점성술 차트가 정해지는 '호러리(horary)'라고 부르는 점성술의 형태에서 허공의 달은 '이 문제에서는 아무것도 나오지 않는다.' 또는 '이 상황은 어떤 결실도 맺지 못할 것이다.'라는 의미를 지닌다. 이것은 당신이 무엇을 묻고 있는가에 따라 좋은 소식이 될 수도, 아닐 수도 있다. 예를 들어 당신이 무언가를 걱정했다면, 그것이 무엇이든 이 카드는 걱정할 것이 없다는 신호로 받아들일 수 있다. 그러나 새로운 관계 같은 어떤 새로운 계획에 대해 묻는 것이라면, 그것은 기대치를 조정하거나 상황을 변화시켜 다른 변화를 얻게 된다는 신호이다. 그러나 기억하라. 카드는 당신이 현재 무엇을 만들어내는지 예측할 수 있을 뿐, 당신은 당신의 행동과 신념으로 그것을 바꿀 수 있다.

달과의 조화
나는 나의 최고선을 믿는다.

카드에 내포된 부차적 의미
- 가능성이 줄어들고 있다.
- 앞으로 더 좋은 일이 생길지도 모른다.
- 당신이 필요로 하는 것을 구할 수 있다고 믿어라.
- 신을 경배하라.
- 시간을 내어 명상하고 깊이 사고하라.

가르침
허공의 달은 달이 다음 별자리에 들어갈 때까지 어떤 행성과도 큰 관계를 맺지 않을 때를 말한다. 이 카드가 나올 때 할 수 있는 최선의 행동은 산스크리트어 만트라인 '옴 나모 나라야니!'를 외치는 것인데, 이는 '신을 경배합니다.'라는 뜻이다. 허공의 달은 '그저 존재하는' 시간이다.

과감하게 첫발을 내디더라
활동궁의 달(Cardinal Moon)

지금은 대담해져야 할 때, 심지어 으스대도 좋을 때이다. 문제를 직접 처리하라. 활동궁의 별자리는 강렬하고 자발적이다. 이 별자리들은 단호하고 조직력도 뛰어나다. 이 카드를 뽑는다는 것은 당신이 궁금해하는 상황에서 이상적인 결단이나 위치를 차지하려면 위의 것들을 모두 지녀야 함을 의미한다. 이 카드는 당신이 진정으로 무엇을 얼마나 강렬히 바라는지 시험해볼 수도 있다. 또한, 어떤 상황에 대해 걱정하고 있다면, 이렇게 소극적이어서는 안 된다고 말한다. 대신, 당신이 원하는 방향으로 사건을 이끌면서 확고한 자세를 취하라. 무엇을 바라는지 거리낌 없이 말하라. 만약 진심으로 어떤 문제를 해결하고자 한다면, 어떤 식으로든 앞장서서 리더로 나서야 할지도 모른다.

달과의 조화
나의 운명은 내 손에 달려 있다!

카드에 내포된 부차적 의미
- 마음과 감정을 따르며 용감하게 행동하라.
- 무모하거나 너무 급격한 것은 피하라.
- 지금은 행동할 때. 당신의 힘을 발휘하라!
- 힌두교의 코끼리 신 가네샤(Ganesha)에게 도움을 청하라.

가르침
점성술에는 활동궁, 고정궁, 변통궁으로 구분되는 4궁이 있다. 활동궁의 별자리는 양자리, 게자리, 천칭자리, 염소자리이다. (기억하라. 점성술 차트에는 총 12개의 별자리가 있다. 그것이 점성술의 수레바퀴가 돌아가는 방식이다.) 이들은 일을 시작하기 좋아하고 타고난 리더 성향이 있는 별자리들이다. 이 카드는 새로운 일이 시작되고 있으며, 당신이 주도해야 한다는 것을 나타내는 신호이다.

자신의 비전을 유지하라
고정궁의 달(Fixed Moon)

이 카드는 크게 두 가지로 볼 수 있다. 첫 번째는 어떤 상황에 처하든 굳건히 서 있어야 한다는 것이며, 두 번째는 이와 매우 다른 해석으로, 무언가가 고착되어 있다는 것이다. 그것은 당신이 궁금해하는 상황을 나타내는 것일 수도 있다. 만약 그렇다고 하면, 사건이 진전될 수 있도록 바퀴에 기름칠을 할 방법을 고심해 보라. 당신이 고집을 꺾지 않는 것인가? 그렇다면 잘된 일이다. 이제 정말로 변화를 바란다면, 해결책이 있을 것이기 때문이다. 고집을 버려라! 교착 상태를 타개할 수 있는 사람이 되어야 한다. 이 카드에 대한 두 개의 해석에서 무슨 일이 일어나고 어떤 의미가 당신에게 적용될지는 당신이 결정할 몫이다. 이것은 다소 자기반성의 기회를 제공하기도 한다.

달과의 조화
YES. 그냥 이 말을 많이 뱉고 어떤 느낌인지 보라.

카드에 내포된 부차적 의미
- 지구력과 믿음, 그리고 인내심이 필요하다.
- 누군가는 양보해야 한다.
- 정체되는 것을 피하라.
- 개인적, 직업적 관계는 지속될 것이다.

가르침
점성술에는 활동궁, 고정궁, 변통궁으로 구분되는 4궁이 있다. 고정궁의 별자리는 황소자리, 사자자리, 전갈자리, 물병자리이다. 고정궁은 고집불통일 수 있으므로, 당신이 이 카드를 뽑을 무렵 막 시작하는 일은 훨씬 오래 지속되기도 한다. (기억하라. 우리는 각자 자신의 점성술 차트에 모든 별자리를 가지고 있으며, 바로 그렇게 점성술의 수레바퀴가 작동한다. 고정궁의 별자리는 완고할 수도 있지만, 지니고 있는 지구력이 얼마나 큰지 감탄할 정도라서 판단이 쉽지 않다.)

아직 정해진 것은 아무것도 없다
변통궁의 달(Mutable Moon)

'변통'은 어떤 것이 변화하고, 모양을 바꾸고, 심지어 여전히 발전하고 있다는 의미이기도 하다. 이 카드는 정말로 무언가 변하고 있고 움직임의 여지가 있음을 나타낸다. 그러니 당신이 궁금해하는 상황은 아직 마무리와는 거리가 멀다는 신호로 받아들여라. 현재 상황이 마음에 들지 않는다면, 이 카드는 기막히게 좋다. 결과에 이르는 항로를 당신이 바꿀 수도 있다는 뜻이니. 다만, 상황이 다소 불안정해질 가능성이 느껴지기도 한다. 누군가에게는 이것이 좋은 소식이 될 것이다. 여전히 당신이 영향을 미칠 수 있다는 말이므로. 다른 누군가는 불확실성 때문에 고심하게 될 테지만, 좀 더 버텨내야 한다. 둘 중 어느 쪽이든, 아직 정해진 것은 아무것도 없다.

달과의 조화
나에게 최상의 것이 펼쳐지리라.

카드에 내포된 부차적 의미
- 목표를 향해 굽이치고 있지만 문제없다.
- 적응력을 유지하는 것이 지금 성공의 비결이다.
- 잘못된 방향으로 이끌리지 않도록 조심하라!
- 정신이 산만해졌는가? 집중해야 할 시간이다!
- '그것'이 당신에게 어떤 의미이든, 그것에 열중하라.

가르침
점성술에는 활동궁, 고정궁, 변통궁으로 구분되는 4궁이 있다. 변통궁의 별자리는 쌍둥이자리, 궁수자리, 처녀자리, 물고기자리인데, 달이 이 별자리들 중 하나에 있을 때 당신의 상황에 융통성이 더 있을 것이다. 당신이 이 카드를 뽑을 때마다, 카드는 여전히 변화의 여지가 있는 만큼 계속해서 당신이 바라는 것을 떠올리고 확인할 기회가 있음을 시사한다. 그러니 당신이 바라는 것을 생각하며 백일몽을 즐기도록 하라!

감정이 고조되고 있다!
슈퍼문(Supermoon)

이 카드는 당신이 묻는 모든 질문에 대한 대답이 벨벳 같은 밤하늘을 배경으로 한 은빛 만월처럼 뚜렷하다는 것을 암시한다. 직업이나 관계 같은 문제에서 얼마나 성공할지 궁금한 것이라면, 대답은 매우 긍정적이다. 흔히 쓰는 표현으로 하면, 그 질문에 대한 대답은 코앞까지 왔다라고 할까! 이 카드는 인생보다 더 거대하고 특별하며 당신이 맞추어 함께 노력할 수 있는 에너지로 터질 듯한 것에 관해 말한다. 이 카드가 나오면 많은 행운과 긍정적 결과를 기대할 수 있다. 하지만 해결해야 할 감정도 많다는 것을 알게 될 것이다. 또한 당신이 무엇을 묻든 그 기회는 매일 오는 것이 아니라는 의미도 있다. 그러니 행동하라.

달과의 조화
성공은 가까이에 있다. 그저 믿어야만 할 뿐!

카드에 내포된 부차적 의미
- 당신의 질문에 대한 해답은 생각보다 가까이에 있다.
- 뻔히 보이는 것을 못 본 척하지 마라.
- 무언가 신나는 일이 생기겠군!
- 사건을 지나치게 부풀리지 않도록 주의하라.
- 여신에게 도움을 청하라.

가르침
슈퍼문은 달이 지구에서 궤도상 가장 가까운 곳(근지점)에 있을 때 나타나는 신월, 혹은 만월이다. 그것이 만월일 경우, 달은 평소보다 14% 정도 더 크게 보인다. 달은 감정의 여왕으로 알려져 있다. 만약 슈퍼문 카드를 뽑는다면(언제 뽑든 개의치 않고), 당신은 감정이 더 고도로 차오를 거라 예상할 수 있다.

불가능한 일을 믿어보라
블루문(Blue Moon)

외국 속담에는 '블루문에 딱 한 번 일어나는 일'이라는 표현이 있다. 다시 말해, 희박하다는 의미이다. 이 카드를 뽑는다는 것은 당신이 아주 드문 기회를 얻게 될 것이고 어떤 '단 한 번 있는 일'이 일어날지도 모른다는 것을 암시한다. 당신이 스스로 너무 많은 것을 바라고 있다거나, 우주에 너무 많은 것을 청했다고 느꼈다면, 이 카드는 매우 긍정적인 신호이다. 당신이 너무 많이 청한 것이 무엇이든지 간에. 음, 그것은 블루문에서 딱 한 번이나마 일어날 수도 있는 일이다. 하지만, 당신 앞에 놓인 이

드문 기회에는 그것에 대한 당신의 믿음이 중요하다. 만약 당신이 지금 궁금해하는 것이 결코 자신에게 유리할 일이 없다고 확신한다면, 그럼 어떨 것 같은가? 그것은 당신에게 유리하지 않게 될 것이다! 꿈에 대한 당신의 믿음을 상기시키는 이 카드를 감사히 여겨라.

달과의 조화
나는 행운아야!

카드에 내포된 부차적 의미
- 기회를 놓치면 금방 다시 생기지 않을지도 모른다.
- 일어난 일은 다시 일어나지 않을 것이다.
- 당신이 궁금해하는 사람은 아주 드문 인연이다.
- 당신이 믿을 수 있다면, 해낼 수도 있다.
- 이런 상황은 반복되지 않을 듯.

가르침
보통 춘분과 하지 그리고 추분과 동지 사이에 세 개의 만월이 있다. 하지만 가끔 네 개의 만월이 있을 때도 있다. 그럴 때, 이 분기의 만월 네 개 중 세 번째는 블루문이라고 불린다. 적어도 본래 블루문의 정의는 그러했다. 요즘은 만월이 두 번 있는 달 중 두 번째 만월을 블루문으로 보는 게 보편적이다.

지나간 과거가
발목을 잡게 하지 마라
남교점(South Node)

남교점은 북교점과 마찬가지로 숙명의 포인트이지만 북교점과 정반대이며 과거, 아마도 전생과 관련이 있다. 당신이 어떤 일을 겪고 무슨 질문을 하든, 아주 오래된 프로그래밍과 그에 대한 길들임이 당신이 할 수 있는 모든 성취를 방해할 가능성이 있다. 무언가에 잡힌 기분이 드는가? 이 카드는 종종 당신이 궁금해하는 상황이나 관계가 왠지 목을 죄는 듯하고 유독하다는 신호로 다가오기도 한다. 그것은 누군가(심지어 당신일지도) 자유로워져야 하고, 정리되어야 할 건강하지 못한 애착이나 중독이 있음을 암시한다. 한 가지는 분명하다. 이 카드가 나온다면, 당신이 편안하고 안전하다 느끼는 곳에 머물고 있더라도 변화를 만들어야 할 도전을 받게 될 것이다.

달과의 조화
나는 과거를 놓아준다.

카드에 내포된 부차적 의미
- 관계는 숙명적이며 많은 생애에 걸쳐 벌어져 온 것이다.
- 누군가에 대한 당신의 끌림은 강박적인 것일지도 모른다.
- 할 수 있다고 해서 꼭 해야 하는 것은 아니다.

가르침
남교점은 달이 남쪽을 지나는 황도를 가로지르는 교점이다. 점성술 차트에서 남교점은 우리가 집착할 가능성이 있는 무언가를 보여주지만, 아마도 그것은 우리에게 거의 도움이 되지 않거나 쓸모없는 것일 것이다. 남교점은 점성학적 숙명의 포인트로서, 우리에게 잘 알려진 구절을 상기시킨다. '항상 해오던 일만 해 버릇하면, 늘상 갖고 있는 것만 또 가지게 될 것이다!'

안전지대에서 벗어나라
북교점(North Node)

이 카드가 나온다면, 왠지 당신이 지난 일에서 벗어나야 할 때라는 느낌이 들겠지만, 이는 당신이 올바른 방향으로 향하고 있기 때문이다. 행복과 성취감을 느끼고 싶다면 당신을 두렵게 하는 일을 하는 쪽으로 나아가야 한다.(물론 합리적인 범위 내에서!) 이 카드는 당신의 인생 목표를 실행하는 일에 관한 것이며, 아마도 당신의 질문도 이와 관련이 있을 것이다. 당신의 삶, 그리고 방향과는 다른 무언가를 할 용기를 내어 행동하라고 강력하게 권하는 것이다. 그렇다면 당신은 자신이 실현시킨 삶을 이끌고 끝까지 헤쳐나갈 의지가 있는가? 당신이 마침내 도약할 용기를 찾으면 스스로에게 이렇게 묻겠지. '나는 왜 이리 오래 기다린 걸까?'

달과의 조화
내가 올바른 방향으로 가고 있다는 걸 알고 있다.

카드에 내포된 부차적 의미
- 당신은 '운명'처럼 느껴지는 무언가를 향해 가고 있다.
- 공포를 직시하고 그것을 극복해야 한다.
- 누군가, 혹은 무언가에 대한 집착을 멈출 시간이다.
- 자주적으로 행동하라.
- 할 수 있다!

가르침
북교점은 달이 북쪽을 지나는 황도를 가로지르는 교점이다. 그것은 숙명의 포인트로, 점성술 차트에서 우리가 만족과 성취, 행복을 찾기 위해 어디로 가야 하는지, 그리고 무엇을 해야 하는지를 보여준다. 북교점은 점성학적 숙명의 포인트로서, '새로운 바다를 발견하기 위해서는 망망대해로 나아갈 준비가 되어 있어야 한다.'는 앙드레 지드의 말을 상기시킨다.

일러스트레이터 정보

닉스 로언은 프리랜서로 일하는 아티스트로, 일러스트레이터이자 수채화 화가이다. 그녀는 자연계에 매료되어 야생동물과 식물, 우주와 신화에서 예술적 영감을 주로 얻는다.
닉스는 캐나다의 브리티시컬럼비아주에 살고 있으며, 탐험과 재충전을 위해 산을 오르고 하이킹하는 것을 즐긴다.

🌐 www.nyxrowan.com　 nyxrowan　 @nyxrowan

저자 정보

야스민 볼런드는 수상 경력이 있는 점성술사이자 달 연구자이고, 베스트셀러 작가이기도 하다. 그녀는 세계에서 가장 널리 읽히는 점성술 작가 중 한 명이며, 그녀의 칼럼은 전 세계에 게재된다.
야스민은 모든 점성술을 사랑하지만, 그중에서도 달, 특히 신월과 만월에 관심이 많다. 그녀의 웹사이트를 방문하여 일간 달 메시지나 주간, 월간, 연간 별점 혹은 달점을 읽어봐도 좋을 것이다. 야스민의 이전 저서로는 《Moonology》와 《Astrology Made Easy》 등이 있다.

🌐 www.moonology.com　 yasminboland
@moonologydotcom　🐦 @yasminboland